KIHEI MAEKAWA　KYOJI YANAGISAWA

官僚の本分

「事務次官の乱」の行方

The original role of bureaucracy

前川喜平　柳澤協二

かもがわ出版

まえがき
「古き良き官僚」と「新しき悪しき官僚」になれなかった元官僚の本音

前川 喜平

柳澤さんと私の違うところ

柳澤協二さんは物静かな方です。日本の防衛政策・安全保障政策に対し、正面切って批判の声を挙げる論客には見えません。おそらく、柳澤さんの発言の奥には深い内省があるのでしょう。静かに考えた結果だからこそ、はっきりした言葉になるのでしょう。柳澤さんの言葉は、一つひとつが聴く側の胸に染み込んでくる感じがします。官僚の先輩として尊敬すべき方だと思います。できれば、もっと若いころにお目にかかっておきたかった。

柳澤さんも私も同じ官僚でしたが、担当した行政分野は防衛と教育という違いがあります。防衛行政には自衛隊、教育行政には学校という現場がありますが、行政と現場の関係は大いに異なります。自衛隊に対しては、いかにして行政の統制を確保するかが、文民統制（シビリアン・コントロール）の一環として重要になります。一方、学校に対しては、現場の自由度や主体性を十分に保障することが大事になります。現場に対する姿勢が異なるのです。

柳澤さんと私では、政権中枢からの距離も違いました。柳澤さんは内閣官房副長官補という内閣中枢の重職を占め、政府全体の安全保障政策の司令塔の役目を果たされました。私のほうは政権中枢からは距離のある文部科学省で、教育行政という枠の中で仕事をしていました。小泉政権がイラクへ自衛隊を派遣したとき、私は個人として国民としてそれには反対でしたし、役所の親しい者にもそう言っていました。それは政権の中枢にいないから気楽にできたことなのでしょう。おそらく柳澤さんは私よりも何倍もしんどい仕事をしておられたのだと思います。

もう一つの柳澤さんと私との違いは、現役官僚として仕事をした時期が一〇年近くズレていることです。柳澤さんの官僚人生は一九七〇年から二〇〇九年まで、私の官僚人生は一九七九年から二〇一七年まででした。特に二〇〇九年から二〇一二年までの旧民主党政権、二〇一二年からの第二次安倍政権の途中までを現役官僚として過ごした私は、この一〇年の間に「政」と「官」、政治家と官僚の関係が大きく変化したと感じています。

柳澤さんと私の間に以上のような違いがあることは、本書を読んでいただけば読者の皆さんにはお分かりになるでしょう。とは言え、二人は中央官庁で何十年か仕事をしたという点で共通しています。役所の中での意思決定の仕方、ものの言い方、振る舞い方など、同じ役人文化の中で生きてきました。役人同士の仁義だとか暗黙の了解だとかいうことはお互い心得てきたので、声に出さずとも分かり合える部分が多いのです。

「官僚の本分」がしっくりくる理由

当初かもがわ出版から提案のあった本書の表題は『官僚の矜持』でした。しかし、「矜持」という言葉は私にはあまりしっくりきませんでした。副題にある「事務次官の乱」という言葉も、事実とは合わないと思いました。文部科学事務次官だった時期も含め現職公務員の間、私は「面従腹背」はしていましたが「乱」は起こしませんでした。加計学園問題について公に発言したのは事務次官を辞めたあとのことです。「矜持」とか「乱」とかいう刺激の強い言葉は、私の自己認識とはかなり乖離のある言葉だったのです。

「矜持」という言葉は、加計学園問題について私の発言を載せた「文藝春秋」（二〇一七年七月号）の記事の標題に使われています。あの記事の標題はこれでもかと言うほど刺激的・扇情的なものでした。「驕れる安倍一強への反旗」「わが告発は役人の矜持だ」。この記事は私が書いた「手記」の体裁をとっていましたが、実際には私が質問に答えた内容をゴーストライターが私を一人称にして書いたものでした。ゲラを見て私は強い違和感を持ったのですが、編集者に押し切られてしまいました。しかもあろうことか、この記事がその年の「文藝春秋読者賞」に選ばれてしまい、「手記」を書いてもいない私が賞を頂戴する羽目になったのですが、それはここでは関係ありません。

「矜持」という言葉は、おそらく柳澤さんもあまりしっくりこなかったのではないでしょうか（柳澤さんは「協二《きょうじ》」さんですが）。柳澤さんにも私にも、より納得できる言葉は「本分」だと思いました。「官僚の本分」は私も現役時代に常に意識していましたから。そういう思いをかもがわ出版に伝えた結果、この本の表題は『官僚の本分』となったわけです。しかし「乱」の字は副題に残ってしまいました。これは私とかもがわ出版の間の妥協によるものです。私としては「乱」よりは「変」のほうが事実に近い気がしますが。

政治家も官僚も憲法では同じ「公務員」という言葉で括られます。「すべて公務員は、全体の奉仕者であって、一部の奉仕者ではない」(一五条2項)。「国務大臣、国会議員、裁判官その他の公務員は、この憲法を尊重し擁護する義務を負ふ」(九九条)。しかし、憲法上は同じ公務員でも、政治家と官僚はそれぞれ異なる役割を持っており、両者の間には一種の緊張関係と協働関係がなければなりません。官僚にはあって政治家にはないもの、それは、それぞれの行政分野で蓄積された知識、経験、専門性、現場との日常的な関係、政局や権力闘争の局外で保たれる中立性、公平性、「全体の奉仕者」性といったものでしょう。その根底には、公務員である前に一人の個人であり、一人の国民であるという自覚がなければなりません。その自覚があれば、個人の尊厳を侵したり、国民の意思に背いたりする行為はできなくなります。

政治家の欠点を補う官僚の役割は消え去った

政治家はどうしても次の選挙を考えます。そのために判断や行動が偏ったものになりやすい。つまり「一部の奉仕者」になりがちなのです。河井克行・案里夫妻の公選法違反事件は論外ですが、一般的に政治家は票と金につながる人を大事にします。票にも金にもつながらない少数者、弱い人、貧しい人、子どもや外国人といった選挙権のない人の声は無視しがちになります。支持率を上げる効果がありそうなことには飛びつきますが、支持率に影響がなさそうなことには見向きもしません。そういう政治家の欠点を補い行政の腐敗を防ぐ力が、本来官僚機構には備わっていたのです。

しかし、八年近く続く第二次安倍政権は、人事権を利用し尽くして官僚を支配し、「政」と「官」の緊張関係を徹底的に破壊しました。内閣人事局と人事検討会議という仕組みを通じて、事務次官、局長など各府省の幹部職には、官邸の気に入った人物しか就くことができなくなり、官僚人事の政治任用（ポリティカル・アポイントメント）化が進みました。

かく言う私も第二次安倍政権の下で事務次官に任命されたのですが、二〇一五年九月一八日に国会正門前での安保法制反対デモに加わった私が、二〇一六年六月に事務次官に昇任したのは、明らかに官邸による「チェックミス」です。加計学園問題では文部科学省から次々と文書が流出し、安倍首相を窮地に陥れました。そのためでしょう、官邸はいまや完全に文部科学省を制圧しました。官邸に極めて近い人物を、官房長で定年延長させた上で事務次官に昇任させ、事務次官で再度定年延長をしました。定年延長制度はすでに官邸による官僚の支配に使われてきているのです。

いまや各府省はその独立性を失って、官邸の下部機関と化しています。各省がその分野の政策を立案し、内閣に上げていくのではなく、官邸官僚が考案し安倍首相が承認した方針が各省に降りてくるのです。その事態が、本来内閣から独立していなければならない人事院にまで及んだことを示したのが、今年（二〇二〇年）一月三一日の黒川弘務前東京高検検事長の定年延長とその後の経緯です。国家公務員法の解釈権限を持つ人事院が、定年延長規定を検察官に適用するという「解釈変更」を強いられました。人事院の松尾恵美子給与局長は二月一二日国会で、検察官に定年延長規定が適用されないという一九八一年の政府見解について「現在まで特に議論はなく、解釈は引き継いでいる」と答弁しました。ところが一週間後の二月一九日にはその答弁を撤回し、「つい言い間違えた」と説明しました。一月二二日に法務省から相談があり、その相談のあと解釈を変更したと説明したのです。これは虚偽答弁だとしか考えられません。二月二六日には一宮なほみ人事院総裁が同様の答弁をしました。これは人事院が丸ごと官邸の支配下に入っていることを示しています。

政権の暴走を止められるのは国民だけ

人事院、内閣法制局、警察庁など政治的中立性が求められる機関を含め、安倍官邸はいまや霞ヶ関の中央官庁をほぼ完全に支配下に収めました。その安倍官邸が最後にその支配を及ぼそうとしたのが検察庁です。その武器はやはり人事権であり、その武器の威力を最大化する企てが、検察幹部の定年延長制度を導入する検察庁法改正案でした。安倍政権はどうしても黒川氏を検事総長にしたかったのでしょう。ポスト黒川も政権の意向を汲んで動いてくれる人物を選んで検察幹部に据えようとしたのでしょう。

その企てを阻止したのは、五月八日の夜「笛美」さんという三〇代の会社員が始めた「検察庁法改正案に抗議します」というハッシュタグをつけたツイートでした。そこへ二日間の間に数百万のツイートが集まりました。小泉今日子さんや井浦新さんなどの芸能人も加わりました。この国民の声が政治の暴走を止めたのです。

「権力は腐敗する」という格言が示すとおり、強い政治権力が長く続けば腐敗と暴走が起こります。安倍政権は、森友学園事件、加計学園事件、桜を見る会など、国政の私物化としか言えない行為を繰り返してきましたが、本来そうしたことを押しとどめる役割を負う官僚が忖度と迎合しかしなくなりました。官僚がその「本分」を見失ってしまったのです。官僚にはもはや政治の腐敗や暴走を止める力はありません。それを止められるのは国民だけです。

官僚の在り方が改めて問われています。柳澤さんは私には「古い良き官僚」に見えます。その反対は「新しき悪しき官僚」です。政治の腐敗と暴走を止めるどころか、それに積極的に与する「官邸官僚」はその最たるものです。刹那主義的政策を次々と繰り出し情報を操作して支持率を上げようとする。「敵」を作り出して国民の恐怖や憎悪を煽る。美しい言葉や勇ましい言葉で「やっている感」を演出する。失態や悪事はなかったことにして国民が忘れるのを待つ。

この本は、「古き良き官僚」だった元官僚と「新しき悪しき官僚」になれなかった元官僚が、本音でやり取りした言葉を記録したものです。官僚の在り方を考える上で参考になれば幸いです。

もくじ●官僚の本分——「事務次官の乱」の行方

第一章

政治と現場の間にある官僚という仕事

お互いを意識した瞬間

前川　はじめまして。よろしくお願いします。

柳澤　こちらこそ、よろしくお願いします。文部科学省と防衛省とは、仕事では付き合いがあるのですが、お会いするのは初めてになります。

前川　そうですね。私は旧文部省の出身ですが、旧科学技術庁の所管分野では、ロケット技術や情報収集衛星の打ち上げなど、実はつながっている部分があります。

柳澤　それでも文科省のロケット開発は「平和目的」とされていたので、とくに昔は、こちらから衛星写真を借りに行くのも、かなり気を遣っていました。

前川　そうでしょうね。逆に、私は昔、文部省で「教育白書」をつくるとき、当時の防衛庁から愛国心教育を書き込めないかと言われたりして、苦慮したことがありました。

柳澤　そんなことがあったのですか。

前川　私が柳澤さんのことを意識したのは、集団的自衛権の一部容認が二〇一四年に閣議決定されて、翌年、国会にそのための法案が提出される頃です。国会やメディアに出て反対論を堂々と述べられていた。ちょうど私は二〇一四年に文部科学審議官になり、一六年から一七年にかけて文部科学事務次官をしたので、現役の終わり頃です。

柳澤さんは役人として最後は内閣官房副長官補をされていたわけですが、内閣官房副長官というのは官僚では事務次官のさらに上の役職にあたり、その補佐ですから事務次官なのですね。防衛官僚を経てそういう立場にあった人がこんなことまで言っていいのかなと思ってみたり、逆に、むしろ防衛官僚だったからこそこうおっしゃっているんだと感じたりもしていました。

柳澤 そうなのです。私はそこを強調するのです。防衛官僚なのになぜということではなくて、防衛官僚だからこそ発言しているのだと。

前川 それはよく分かります。だって、日本の防衛のあり方を大きく変えてしまったわけですから、戦後の防衛政策を真剣に担ってきた人なら、それはないでしょと思って当然です。私だって、たとえば教育勅語を学校で教えることになったら、そんなことはしないという考えの上に戦後教育をやってきたのですから、それはおかしいと言います。こちちのほうがまともなことを言っているということです。日本の「戦後」を大きく変えてしまうようなことが、この七年半で起きているということだと思います。

柳澤 前川さんが加計学園の獣医学部新設問題で、「これは総理のご意向」という文書があると朝日新聞が報道したのを受け、その文書が文科省で共有されていたと発言したのは一七年五月の

ことで、一月に退職された直後だったのですね。前川さんは事実関係を述べたのですが、菅官房長官が「怪文書」と否定する中での発言ですから、事実上の政権批判のようなもので、まだ現職から足を抜いたばかりのタイミングで発言されるのは、相当変わっている人か、あるいは相当勇気ある人かと思って聞いていました。

第二次安倍政権が発足したからこその発言

前川　勇気があったわけではありませんから、たぶん「変わっている人」のほうでしょうね。政府のお世話になって第二の就職をしていないからできたのです。政府関係の法人の役員などに再就職していたら、やはり何を話すときにも忖度が働いただろうと思います。いまは何の義理もないので何でも言える。

柳澤　それはその通りです。そうなのですけれど、現在、政府は再就職のお世話をしてはいけないことになっていて、前川さんもそれで処分されているわけですから、かたちの上では誰もが何でも言えるのだけれど、現実はそうはなっていないのですね。講演に呼ばれていろいろなところに出かけて、前川さんと面識があるのかと聞かれるので、自分とどこが違うのかをお答えするのです。その際にお話しするのは、何がいちばん違うかというと、私は二〇〇九年に退職して何年か経って、おかしいじゃないかと発言しはじめているけれども、前川さんの場合は、現職中にもいろいろと発言しているし、退職直後から政権を批判している。そこまでの状況に私は出くわさなかったのです。あるいは、退職直後に第二次安倍政権が成立していたら、違っていたかもしれないのだけれども。

前川 そうです。第二次安倍政権がかなり特異な問題を抱えていると思うのです。私は第二次安倍政権で現職官僚だったから、しかも局長や次官のポストにいたものですから、もろに圧力を受けて、これはひどいなと思っていたわけです。現職中は表立って発言したわけではありませんが。

柳澤 そうなのでしょうね。私も歳をとって自衛隊病院のお世話になることもあるのですが、そこで防衛省のOBや先輩とお会いすると、第二次安倍政権になってからは、「陰ながら応援しています。頑張ってください」とエールが来るようになりました。「陰ではなくて表へ出ろよ」という気持にはなるのですが、そういう雰囲気が元官僚の世界で広がっていることは確かですね。いままで戦後の行政を真面目に担ってきた人たちの立場からすると、あれはおかしいということが少なからずあったと思う。ただ、いま現役の私の部下、後輩だった人たちを見ると、「そんなことを言ってもらったら困る」という感覚の方が強いと感じます。そこはどうでしょう。

前川　そういうことでしょうね。現職の官僚たちは、いまの政権のもとで、その論理の中で仕事をしていますから、外からかき乱されたくないという気持ちは、私の後輩たちも持っています。早い話が、私がメディアで文部科学省の教育政策に批判的なことを言うたびに、私の後輩たちは大臣や副大臣のための想定問答をつくらされるわけです。それは面倒な仕事ですよね。

現職官僚との微妙な関係

柳澤　私が退職したのは、民主党の鳩山政権ができた二〇〇九年でした。鳩山さんが普天間基地の移設に関して「最低でも県外」と公約したのに、それを破っていく過程の中で、私は口実となった抑止力に関して発言していくことになるのですが、それは事実上、抑止力を信奉してきた自民党や防衛省に対する批判にもつながることでした。

その結果、一番しんどかったのは、初期の頃は社民党が与党におりまして、彼らが防衛省の現役の役人を呼んで、お前のところの先輩の柳澤がこう言っているじゃないかという攻め方をしたことです。私もさすがにそれは勘弁してもらいたいと思いました。社民党が自分の考えとして、後輩をやっつけたり議論したりするのはいいのだけれど、私の名前を出したら、こっちも迷惑だけれど、現役の官僚も困ります。先輩の柳澤は馬鹿ですとは言えないだろうし、逆に、実は自分の考えも柳澤と同じだとも言えない。

当時、一番信頼関係の厚い部下だった人から、「あなただって現役のときは限られた材料と限られた時間の中で答えを出さなければいけなかったでしょう。そこに自分たちの限界があるのは当事者として分かるけれど、我々がものごとを考えていないかのような批判はやめてください」と言われたのです。私もそこは反省して、「君の言う通りなので、そこは謝ります」と答えました。それ以来、そういう言い方はしていませんし、問題の本質でもないと思っています。ただ実際に官僚がものごとをよく考えているかというと、そうは言えない。

もう少し言うと、前川さんが書かれた『面従腹背』という本を読ませていただいて感じたのは、前川さんはかなり早い時分から、ミスター文部省というか、ミスター文部省候補生として育ってこられたということです。私も、それほど低いレベルの評価ではなかったとは思うけれど、ミスター防衛庁というイメージを持たれてはいない。むしろ若干外れているところが面白いねと言われるような感じで育ってきて、最終的に次官レースではドロップアウトして官邸で仕事をするという経過を辿ります。事務次官をやってしまうと、自分がいた役所の批判をしたときに、自分

と自覚していたのです。

（柳澤協二氏）

自身に跳ね返ってくるということになってしまう。

私は、自分なりに総括しなければ自分がやってきた仕事を批判はしないのですけれども、逆に、組織の最高責任者ではなかったがゆえに、政策の批判は比較的自由にできるという感覚はありました。事務次官をやった前川さんの場合、そこがなかなかしんどかっただろうと感じます。

前川　若いころから、自分が組織とはズレているということは、ずーっ

現職の時の抵抗、退職後の模索

柳澤 それはすごい。私の場合、前川さんのように、現役のころ、政治に抵抗するということは、基本的にはなかったと思います。イラク戦争のことにしても、戦争が開始されたのは防衛研究所長のときでしたが、むしろイラク戦争に賛成すべきだという論陣を張っていたのです。その後、官邸に入ってイラクの自衛隊を統括することになります。「自衛隊がいる所が非戦闘地域です」という小泉さんの有名になった答弁は、僕らが書いた答弁資料にはなくてご自分の言葉ですから、それで済むのだったらやってくださいという感覚でしたが、官邸では一つのチームとして仕事をしています。ですから、戦争を支持していること、自衛隊を出していることは、議論の対象と言うより以前の仕事の前提でした。

だから前川さんのように、現職のときに政治が間違っていると考えて対立したわけではない。私の場合は、やはりアメリカとの関係を維持しなければならないし、そのためにはイラクに自衛隊も出さないわけにいかないという枠があった。戦争が終わって開戦の口実となった大量破壊兵器がなかったことが分かったあと、ないことを証明しなかったサダム・フセインが悪いと言った小泉さんの論理は、かなり無理があるという自覚はありました。それでも、小泉さん自身に自分が自衛隊を出したのだから自分の責任で撤退するという思いがあり、それが伝わってきていたので、そういう意味の信頼はありました。そして、最終的には自衛隊が全く犠牲者を出さずに帰ってきたことで、すべてチャラになった感じがありました。

しかし、官邸にいたときもイラクの混迷がずっと続いていて、自衛隊がこれだけ苦労したのに、それをどう考えればいいのかという思いはありました。そこで、この問題を退職してからの生涯の研究テーマにしようとして、イラク戦争とは何だったのかといろいろ考えている中で、いろんな人に声をかけられるようになった。そして、これは相当おかしい戦争だったなと思うようになったのです。それがだんだんアメリカ批判みたいなことになっていくのですが。

そうそう、抵抗したといえば、一つだけあります。第一次安倍政権で官邸にいたときのことで、抵抗というよりも、たぶん前川さんのいう面従腹背に近いことかもしれません。安倍さんが集団的自衛権の行使を容認するため、「安全保障の法的基盤の再構築に関する懇談会」（安保法制懇）をつくったのです。それで有識者を集めて議論をしていたのですが、安倍さんが、アメリカに飛んでいくミサイルを日本が撃ち落とせないのはおかしいから集団的自衛権が必要ではないかとおっしゃるので、「総理、お気持ちは分かりますけれど、アメリカに飛んでいくミサイルというのは、日本の上空ではなくシベリアの上を通っていくので、物理的に日本が撃ち落とすことはできないんです」とお答えしたのです。「それでもやりたい」と言うので、そこまでおっしゃるなら止めません、という対応をしました。もし第二次安倍政権で、実際に集団的自衛権行使の閣議決定をするときに官邸にいたらどうしただろうかと考えることもあります。辞表を胸に反対したのか、あるいはどこかで自分を納得させることになったのか分かりませんが、かなりの葛藤を抱えることになったでしょうね。

ただやはり、現職のときの基本は、政府の方針と自分の発想が合わなくて苦労したわけではありません。むしろやりがいを感じながら仕事はしていたのです。そこが、前川さんとは決定的に違うところでしょう。

エリートコースに乗ってはいたが

前川 確かに私は、組織とのズレは感じていたけれども、表立って抵抗していたわけではありません。客観的に見ると文科省の中ではエリートコースと言われるキャリアをたどってきました。最初に配属されたのが大臣官房総務課で、いわば大臣や事務次官のおひざ元です。そういうところで国会の担当をさせられたりして、その後も主要なポストと言われる部署をやらせてもらいました。
どういう課長のポストに就くかで、その後に出世できるかどうか、だんだん色分けがはっきりしてくるのですが、私は初等中等教育局財務課長になりました。この課は、全国の小中学校の財政を支えている義務教育費国庫負担制度を担当するところで、私が課長になったとき、予算規模が三兆円ほどあったのです。もちろんそれを好きなように使えるわけではないし、恣意的な裁量の余地はほとんどなく、いかに公平に配るかという仕組みを公平につくるわけです。でもこの財務課長はかなり主要なポストで、のちに事務次官になる人の多くは、このポストを経験するのです。

もう一つ、昔は地方課、いまは初等中等教育企画課といって、組合対策をやるところがありますが、そこの課長もやりました。かつて、日教組とバンバンやりあうのが文部官僚のレゾンデートルみたいなものだった時代があったので、文科省にとっては花形の課でした。自社さ政権以降、両者が仲良くなったものだから、重要視されなくなっているのですが、それでもこのポストは、将来次官になる人の多くがたどっていたポストです。

その後も事務次官への登竜門といわれる「官房三課長」の一つである大臣官房総務課長をやりました。ですから、課長時代から次官コースに乗っているというふうに、私は見られていたと思います。局長になったのは初等中等教育局です。これはもっとも次官に近い局長ポストです。そこで審議官もやったし、客観的には上から評価されていたのでしょう。

しかし、上からは評価されていたのだろうけれど、上の人たちと同じことを考えていたかというとそうではなかった。それにしても、第二次安倍政権ができるまでは、そんなに大きな違いはなかったと思うのです。だましだましではあったけれど、なんとかやっていけた。けれども、第二次安倍政権なってからは、ちょっと付いていけないという思いがたくさん出てきました。

(前川喜平氏)

例えば、八重山の教科書問題。これはひどかったです。竹富町という小さな町が、自分たちで採択した東京書籍の中学校公民教科書を使いたかったのに、文部科学省がむりやり育鵬社の教科書を使わせようとしたことがあったのです。局長だった私は、表向きは政治の言われた通りにやっているふりをしながら、竹富町が自身で採択した教科書が使えるように知恵を絞って、そのために制度のほうをそっといじって、新しい制度で彼らが自分の判断で採択できるように変えたのです。

組織の一員としてがんばってきた

柳澤　長い伝統のある文部行政と、戦後にできたばかりの防衛行政では、違いがあったかもしれませんね。私の場合は、もちろん軍隊の経験も当然ないわけだし、先輩と自分は発想が違うということは体験したことがなく、先輩が考えていることを一生懸命追っかけながら学んでいくのに精いっぱいという感じでした。また、大臣になる自民党の政治家にしても、戦争を経験した世代の人たちで、戦争してはだめという暗黙の了解があるし、憲法改正なんて実は考えていなかった。そういう中で、いろいろ生起してくる日々の案件をさばきながらやっていくということなので、前川さんが体験したような違和感はあまり感じないできた。それが一気に噴出してきたのが、おっしゃる通り、安倍政権ということになります。

前川　私も若い頃は、組織の一員になるために非常にがんばったのです。くだらない話ですが、上司のために水割りをつくることだって、それ仕事だと言われてやっていました。初年兵のやるべき仕事だと決まっていたのです。

もちろん、そういう卑近なことだけでなく、これまで文部省がどういう論理の中で行政を組み立ててきたのかという、その論理をきちんと身につけておかなければいけないわけです。文部科学省の官僚として表に向かってものを言うときには、誰が言おうと文部科学省として、あるいは国としてワンボイスでなければならない。人によって違うことを言ってはいけないわけなので、それはきちんと身に着けようとしていました。

けれどもやはり、自分の心の中で考えていることとは違うという部分があるのです。分かりにくい話かもしれませんけど、たとえば教育行政と教育の関係について言うと、昔から文部省は、教育は教育行政の一環であると考えてきました。特に国公立学校の教育は、国の機関あるいは地方公共団体の機関としておこなっている教育だから、これは行政の一環であるという考え方なのです。国公立学校の先生がおこなう授業は末端の教育行政だというのです。

しかし私は、両者は別の物だと思っているのです。学生時代からいまに至るまでずっと、教育と教育行政は密接に関係はあるけれども、別物だと考えている。お互いに違う専門性が必要で、一緒にしてはいけないという考えなのです。そして、私自身は教育行政官であって、教育をしているのは現場の先生たちだと考えている。さらに言うと、行政の上に政治があるので、政治と教育行政と現場の教育という三つのものがある。防衛に適用すると政治と背広組と制服組みたいな関係かもしれませんけれど、三つの狭間にあるのが教育行政であり、政治と教育がおかしくならないようにするために行政の役割があると思っているのです。

文部省というのは、もともと政治に弱い役所です。ほかの役所から「霞が関の御殿女中」と揶揄されるほど、偉い人のことは何でも聞いてしまう役所だと思われている。ともすると政治に左右されてしまう。それがいま、一番悪いかたちで出ています。

柳澤　文科省は、票になる業界団体もないし、予算面で特定の選挙区に配分することもできないので、政治家に影響を与えるようなことができませんからね。

政治と現場の狭間にあって

前川　できないのです。飴もムチも持っていないのです。例えば、国土交通省とか農水省ならば、たんまりと補助金を持っていて、議員の選挙区におカネを付けますよということができる。それで、政治家を逆にコントロールすることができる。あるいは、強権的な権限を持っている警察とか国税庁は、「先生の事務所はどうも脱税している疑いがありますよ」と迫ったり、ちょっとした脱税や交通違反はもみ消したりして、政治家に影響を与えることができます。実際にこれまで、そうやってきたわけです。だから飴とムチのどちらかを持っていれば、役所側が政治をある程度コントロールできるけれど、文部省はどちらも持っていないのです。そうすると、ものすごく政治に弱くなってしまう。それをはねのけるには、大学行政であれば「学問の自由」を錦の御旗にするくらいしかないので、そこが難しいところなんです。

柳澤 防衛行政について言うと、いまの憲法のもとでは、防衛も内閣がおこなう行政サービスの一部でしかありません。自衛隊員も軍人ではなく、特別職の国家公務員です。だから、私が入ったころの防衛庁の発想というのは、警察予備隊ができたときからのことですが、まさに現場の制服の暴走を止める、軍人の暴走を止めるために旧内務官僚による中央組織をつくるというものでした。背広の内部部局というのは、そうやって自衛隊を監視して押さえ込むという発想でデザインされた組織なのです。自衛隊管理のような発想があるのです。最近の流れは逆です。行政と軍事を並列に持っていこう、自衛隊を単なる行政ではないものと位置づけ、重みのある軍人とか軍隊というような存在に持っていこうという流れが生まれている。

前川さんがいま言われたような、教育現場と行政の方針なり政治との接点という角度のお話は、私にも理解できるところがあります。防衛にも現場の部隊があり、それが一番大事なのです。私は、課長以上になった頃から、政治が考えていることと現場が考えていることが違うので、そこをどうお互いの意思疎通をはかるべきかが大事で、官僚はそれを接続する役割を果たさなければならないと考えていました。かなり早くから、自分の存在意義、防衛官僚としてのアイデンティティはそこにあると思っていたのです。

細かい話になりますが、防衛の場合は、政治家は選挙区に相当大きな集団がいるという意識から、自分の選挙区の部隊の隊舎を早く直せとか言ってくるのです。それはそこそこお付き合いするしかないのですけれど、政治の側が票として自衛隊を見ることにはすごく抵抗感を感じていました。逆に、いまの小選挙区制のもとで出てくる政治家にはそういうものがなく、むしろ国家の軍隊という発想のほうが強い。それはそれでかえって問題なのです。そんな感じで、政治と現場の狭間で、いろいろ仕事のやり方を勉強する、論理を一生懸命勉強するのです。

一方、先ほど文科省としてはワンボイスでというお話があり、それは理解できるところです。ただ、防衛庁は歴史の短い役所だということもありますし、大臣と幕僚監部の感覚の違いとか、意見の対立はあるのです。ワンボイスと言っても省内の意見調整が必要な問題がある。それなのに、そういう調整のための議論をしないまま、「これが防衛省の見解」みたいな言い方をする官僚もいて、それでは有効なワンボイスになっていかないのです。大臣を説得するにも、意見調整がちゃんとやられることが不可欠です。

国家の政策をどうやって決めるか

前川　内部での議論はしっかりやらなくてはいけません。意見の違いは当然ありますから。最終的には権限を持っている大臣が決めることになるのですが、その大臣に十分な情報を上げて、ちゃんと判断してもらうということが大事です。

柳澤　そうそう、前川さんが書かれた本を読んでも、文科省の場合はそうなんでね。けれども、防衛の場合は少し違うところがあるのです。なぜかというと、大臣には基本的に素人の方が多いので、むしろ大臣にこっちを選ばせるにはどうするかという発想で仕事をすることが多かった。省益を守るというよりは、アメリカとの関係はどうなるかとか、あるいは部隊の能力の限度なども考えながら、大臣に話を持っていくわけです。こちらの思惑通りに理解していただく大臣ならいいのですけど、そうでない人の場合はどうするのかみたいなところも、ある意味で仕事の醍醐味だったという感じがします。

防衛政策というのは、それほど大勢で衆議一決するような話ではないのです。特に冷戦が終わってからあとでは、日本の防衛政策は、アメリカというファクターで決まってくる要素が強まりました。外務省、防衛省には知米派と目されるグループがいて、そういう人たちが向こうの知日派、ジャパン・ハンドと言われる人たちといろんな話をして、そういう方向性で政策が決まってくる。それについては基本的に異論が出ない。あとは、どういうタイミングで、どのようなものの言い方で大臣に諮り、実現していくのかというのが、実際の課題になるという感じです。

ソマリア沖の海賊対策をどうするかは、私の現役としてのほとんど最後の段階の仕事になりましたが、それを例にして言いましょう。海賊というのは、国連海洋法条約で各国に管轄が認められた犯罪ですから、海賊の取り締まりは、軍隊の仕事ではなくて警察機関の仕事なのです。本来そういうものなので、海賊対処法（二〇〇九年六月成立）をつくるときも、第一義的に海上保安庁の仕事という位置づけになり、自衛隊は海上保安庁ができないところを手伝うという法律のたて方にならざるを得ない部分があるのです。その結果、武器の使用も制約されるし、一方で逮捕するのは司法警察職員しかできないので、結局、自衛隊の船に海上保安官が乗るようなかたちでオペレーションするという法案をつくったのです。けれども、自衛隊は海保の下請けではないという発想から、そのたて方が気に入らないという大臣がおられるわけです。しかし、日本の法律の仕組み上、そこを変えることはできないので、そういう場合、結局のところ最後は、何度も足しげく通って、「大臣、これしかないからお願いします」という話をするしかない。そして、「また来たのか、しつこいな」と言われるのだけれど、「もういいや」と言ってもらえるまで通い続ける。そういう経過はありました。

これが橋本龍太郎さんのような方であれば、理屈でやってこられるので、かなりこちらも勉強して臨むことになります。ただ、だからといって、総理大臣に対して、事実認識の違いは指摘できるけれど、論争をしてはいけないのです。相手がプライドを持った政治家であればあるほど、論争してやっつけてしまったら、結果としてこちらの負けになってしまう。そういう気の遣い方をしながらやってきました。

大臣との難しい関係

前川　似たような経験をしました。私の場合は、かなり次元の低い話というか、そういう言い方をしたら大臣に申し訳ないんだけれども、民主党政権最後の文部科学大臣だった田中真紀子さんのときです。

柳澤　それは大変でした。

前川　野田政権最後の改造内閣で、二か月半しかなかったので助かったのですが、私はそのとき、大臣にもっとも近い官房長だったのです。田中真紀子さんが着任されると分かったときに、真っ先に電話をかけて来てくれたのが、宮内庁で東宮大夫だった小町さんという方で、この方は小泉政権のときの田中真紀子外務大臣の官房長だったので、田中さんのことをよく分かっておられた。田中大臣に仕える官房長の心得を教えてあげようということで、非常にシンプルなインストラクションをもらいました。ノーと言うな、とにかく分かりましたといったん受け止めろ、それからじわりじわりと対策を考えろということでした。

これがうまく功を奏した事例がありました。田中大臣が大学の新設を認めないと言い張ったことがあります。大学の設置認可というのは、大学設置学校法人審議会（設置審）というものがあり、そこに専門家が集まって、十分な教員が確保されているか、施設設備が整備されているか、カリキュラムがちゃんと整っているか、図書館に本があるかなどを調べて、そうやって審査したうえで、OKという答申が出たら、その通りに設置認可するというのが不文律、確立した慣行なのです。特に資格を持った教員が確保されていることが大事で、こういうことは専門の人間でないと分からないので、設置審の答申通りに認可するのです。本当は法律で答申の拘束力を決めておいたほうがいいのでしょうけれど、そういう慣行でやってきた。しかし、法律上形式的には文部科学大臣の権限なのです。そして、設置審が三つの大学を設置認可すべしという答申を出したにもかかわらず、大臣が「私は設置認可しない」と言い始めた。

そこで担当の局長や課長が、田中さんに対して、それは禁じ手です、文部科学大臣といえども恣意的に権限を行使してはいけないのです、そのために審議会があるのですと、そう説明をおこなった。ところが、大臣といえどもできませんという話をした途端に、局長と大臣の間が切れてしまった。大臣が、「もうあの人の顔を見たくない」と言い始めて、そうなると官房長である私がやるしかない。そのときの文科省事務次官は森口泰孝さんという科技庁出身の人で、田中真紀子さんが自社さ政権で科学技術庁長官だったころ、田中さんに嫌われていなかった数少ない科学技術庁官僚の一人だった。その方がたまたま文部科学事務次官でしたので、二人して大臣のそばに行って、ダメですとは言わないで、いろんな情報を上げたりしていた。与党である民主党の中からもダメだという声がありますが、どうしましょうかみたいなお話をしていた。田中大臣が最終的に気持ちを変えてくださったのは、衆議院の文部科学委員会があり、三大学設置認可問題だけで集中審議をやったときです。与党も野党もなく全員が大臣の方針を批判したので、朝は勢いよく委員会に行かれたんですけれど、夕方になったら気持ちを変えられていましたね。小町さんの教えは、状況が変わればかならずご自身で気持ちを変えてくれるからそれを待てというものでもあったのですが、本当にその教え通りになったというケースでした。

政治と現場がバッティングしたとき

前川　大きな政策の問題でも、政治の世界と行政、あるいは現場の教育の論理とがバッティングする場面はよくありました。私はどちらかというと現場の側に立ち、どうやったら政治からの圧力をかわせるかと努力したつもりですが、やはり政治に押し切られることが多かったです。二〇〇九年に導入された教員免許更新制度もそうでした。

自民党文部科学部会から最初に投げられてきたのは、組合活動にうつつを抜かしているような怪しからん教員は一〇年でふるいにかけて免許状を奪ってしまえ、ということでした。公務員バッシングも強い時代で、教員に対して強く当たる政策をとると、けっこう国民から受けるという時代でした。先生たちが相当痛めつけられたいまになって、先生という仕事は大変だということが国民にも伝わっていて、先生の勤務環境への理解はだいぶ良くなっていると思うのですけれど、当時は違っていた。先生にとってのそういう厳しい環境下で、免許更新制を利用して教員をふるいにかけるのは、すばらしい政策だと言う人が多かった。

けれども私は、現実的には非常に問題がある制度だと思っていました。そもそもできるわけがないと考えていた。論理的に考えれば分かるのですが、教員免許状というのは教員として適格性があろうがなかろうが、大学で一定の単位を取れば必ずもらえるものです。大学で単位を与えるときに、教員としてふさわしい人間かどうかを審査するかというと、そういうことはしません。免許状というのは、単に基礎資格であって、教員として採用するかどうかを決めるのは任命権者である教育委員会です。教育委員会が採用するときに教員としてふさわしいかを考慮し、その際に任期をつけるのならまだしも、免許のほうに期限を付けるというのは、原理的にできないことをやれと言われているようなものです。

これは森内閣のときに、教育改革国民会議で打ち出されたもので、私は文部省の教職員課長といって、教員免許状制度を担当する課長だったのですが、「それはできない」と抵抗しました。文科省が政権に無理難題を押し付けられて、それに抵抗しようとする場合、審議会に付託するのが常套手段です。そのときも、中央教育審議会で審議していただきましょうと言って一、二年審議したうえで、これは時期尚早だということにして棚上げしたのです。それで一回はかわしたのですが、結局また政治に蒸し返されてしまって、再び中央教育審議会で議論することになり――通常、三年のインターバルで、同じテーマで中央教育審議会が議論することはありません――、そうやって結局導入させられたのです。

さすがに、自民党が当初言っていたような教員としての適格性を審査する制度にはならなかった。最初の免許状をもらうために大学で勉強したことが次第に時代遅れになるから、一〇年に一度、三〇時間分を勉強して補充するという論理にしました。教員が学ぶこと自体は悪いことではないのですが、そういう勉強は本来は教員が自主的にやるべきことですし、実際、まともな先生たちは自分で勉強しているのです。免許の失効という、いわばペナルティをつけてやるような話ではないのですが、やむをえずそういうかたちで導入することになってしまいました。

政治家の個性に対応することの必要性

柳澤　特にキャリア官僚の世界では、どんどん上に上がっていく人たちの存在意義は、政治家対策にあるのですね。広い意味では、実現したい政策の根回しをはじめ、国会対策でもある。そこでは政治と官僚の関係がどうなるかが問題になるのですが、決まったやり方があるわけではなくて、官僚の個性が出てくるし、相手の政治家の個性もあるのだと感じます。

ただ共通しているのは、政治家というのは極めて自己愛の強い方々ですから、そこを否定してはいけないということでしょう。基本的には、「イエス、バット」(そうですね、しかし)という応対の仕方をして、こちらが政策を実現したいときは、その政策をあたかも政治家が言い出したようなかたちで提示するのが一番スムーズにいきます。しかしそれも、こちらの政治家が言うと、あちらの政治家が反対するという関係もあるので、ケースバイケースなのですけれど。この政治家は情のところでやる人なのか、理屈のところでやる人なのか、その見極めが求められる。あるいは相手が田中真紀子さんのような方であれば、「人間の分類が身内と使用人と敵しかない」と聞いたことがありますが、相手を受け入れながらも自分をしっかり出さなければいけない。私も大臣の秘書官をやったときに教わったことなんですが、やはり自分の全人格を持って当たらないといけないということですね。

前川　どなたの秘書官だったのですか。

柳澤　宏池会(大平派)の栗原祐幸先生です。もう亡くなって一〇年が経ちますけれど、この人は本当に鼻っ柱が強く、しかも在野精神豊かな方でした。それまで私はキャリア官僚で、秘書官になるというのは順調な出世コースですから、鼻高々で来ていたのが、一気に鼻をへし折られた感触を味わいました。でもその経験があったから、いろんな政治家とお付き合いするストレスに対する耐性も、少しは培われたという側面もあるわけです。

前川　私も秘書官をやりました。自社さ内閣のときの与謝野馨大臣でしたが、その経験は実は楽だったんです。

柳澤　良すぎる大臣に付きましたね。

前川　本当に良い方なんです。大概のことは良きに計らえということで、非常に大事なときだけは自分が出てきて決断するという、官僚から見ると理想の上司でした。

　例えば、ちょうど阪神淡路大震災がありまして、文部科学省としてやるべきことはたくさんあったのだけれど、普通なら文部科学省でやらないことまでやれと言われるのです。その一つが、文部科学省が使える船を全部使って物資を運べという指示でした。確かに東京商船大学もあったし、船をたくさん持っているのです。それで、東京商船大学の船に東京でたくさんの物資を詰め込んで、それを神戸商船大学に送ったりしました。文部科学省がやらなくていいことですが、とにかく持っているリソースを全部使って神戸を支援しろとおっしゃった。

　あるいは同じ年にオウム真理教事件が起きたときのことです。これは宗教法人が起こした事件で、宗教法人としての法人を解散させるという仕組みは、文科省が管轄する宗教法人法の中にあるのですが、なかなかややこしいのです。だから担当の課長以下はみんなしり込みしていた。解散させるにはそれだけの根拠が必要なのですが、そんなものを文部科学省は持ちあわせていない。そうすると、与謝野さんは自分で動いて、法務省に連絡を取り、解散に必要な最低限の情報をもらって、それを根拠にして解散させた。普段は昼行燈みたいなのですが、いざというときは動く、そしてやりきる。

また最終的には、宗教法人法を改正することも決断しました。宗教法人法で認められている宗教団体の中に、カルト化して問題になったのが野放しになっているのではないかということで、年に一回、最低限の報告を出してもらうことになりました。それがオウム真理教事件の再発防止にどのくらい役に立つのかは未知数ではあるんですけれど、そういう決断もされた。

柳澤　そこは信教の自由との関係で難しいのですね。

政治家による人格否定は割り切れない

前川　そうです。いずれにせよ私は、秘書官としてはそれほど苦労しませんでした。苦労したのは、夜の六本木に付き合わされて飲んだこととか、カラオケに付き合わされたこととか、そういうところだけです。でも、そのおかげで、エルビス・プレスリーを覚えちゃったんですよ。
秘書官だけでなく、国会対策を担う大臣官房総務課のポストもやったものですから、国会担当はずーっとやっているのです。そうすると、いろんな国会の先生に呼びつけられて、頭ごなしに怒鳴りつけられたりとか、ものすごく理不尽なことで怒られることはしょっちゅうありました。

柳澤　まさに会社のクレーム担当、フロント業務ですからね。

前川　もっと第一線で国会対策をしている職員がいるのです。その第一線の現場職員から電話がかかってくる。「何々先生が怒っているのですぐ来てください」と言われて、なぜ怒っているのか分からないまま国会に飛んで行くのです。そしてとにかく謝ってくるのだけれど、なぜ謝っているのか分からないという話は、よくありました。

柳澤　これも給料のうちだということで割り切っているんですけど、どうしても我慢できないのは、人格否定みたいな怒り方をされる場合です。そういうとき、私は本当によく夜中まで酒を飲んで、悔し涙を流して馬鹿野郎と叫んだりしたこともありました。

前川　与謝野さんは政治家と役人の関係について面白い言い方をしていました。「政治家は役人を恫喝してはいけない。役人は政治家を馬鹿にしてはいけない」。なるほどと思って、私はできるだけ政治家を馬鹿にしないように心がけていたのですが、役人だって人間ですから限度というものがありますよね。馬鹿野郎と叫びたいことは私にも何度もありました。

理想とする官僚像

柳澤 私の理想の官僚像を言うと、一つは、自分なりにその時代の政策を構想し、引っ張っていくような方ですね。もうお亡くなりになりましたが、防衛庁にはまさにミスター防衛庁と呼ばれた西広整輝《せいき》さんという方がいました。この人は七〇年代の防衛政策の基本的な方向性をつくった方で、国会の中でも、野党の政治家が名指しで彼と議論するのを楽しみにするような雰囲気があり、そういう場を通じてちょっと物議を醸すようなことをわざと答弁し、新聞の見出しにしたりして、お互いが楽しんでいた。同じことを現代の人に求めても無理でしょうが、そうやって議論を恐れず政策を引っ張っていく、一つの時代を引っ張るアイデアを出していけるところに、一つの理想像があります。

もう一つは、先ほど政策調整のための議論の話がありましたが、私たちの意見を聞きながらやってくれる局長がいると、すごく仕事はやりやすかったし、楽しかったし、働き甲斐も感じていました。だから、そういうやり方は、私が上に立つようになってからも踏襲したつもりなんです。

官邸にいるときも、それぞれ感じることがあったら、直接の担当でなくても言ってもらうというやり方をしていました。皆、守秘義務を理解しているから、私が持っている情報や状況をみんなでシェアしながら、そのうちこんなことになるかもしれないが、そういう場合にどうするかみたいな話をするわけですね。そうすると、みんなも同じ認識に立つから、何かあったときもスムーズに意思疎通ができるし、当事者意識を持つから情報が漏れることもない。

さらにもう一つ大事にしたのは責任をとることでしょうか。あるとき、出向してきた参事官（課長クラス）の人が持ってきた説明資料に不備があったのだけれど、私が、「まあいいよ、俺が怒られれば済むことなんだから」と言ったらしいのです。そうしたら、その人が、「官邸で仕事して一番自分が感激したのはそこでした」と喜んでくれました。

前川　そこは確かに部下はうれしいですよね。イヤな上司の典型の一つは完璧な仕事を求める上司です。仕事というのは、完璧にしようとするとすればするほど幾何級数的に労力が上がっていく。七割くらいの完成度のものを八割にするのに必要なエネルギーと、八割の完成度のものを九割にするエネルギーは格段に違って、後者のほうが格段に大きなエネルギーが必要なのです。しかし、上に立つ上司が、七割か八割の仕事をくれればいいよ、あとは自分がやるからというような人だと、下にいる人はやりやすいと思いますよ。

柳澤 突然思い出しましたが、女子の体操選手でコマネチっていたじゃないですか。評判の悪い上司のことを、「あの局長はコマネチで困る」と言っていたのですね。細かくてねちねちしているということですが。

前川 言い得て妙な言葉です。下に完璧な仕事を求める上司というのは、実は自分で考えていなかったり、勉強しなかったりする人が多いのです。自分でちゃんと考えを持っていて、ちゃんと情報を持っていれば、部下にそれほどまでの完璧な仕事をさせる必要はない。例えば、国会である質問に対してこう答弁するという準備をするのですが、「更問（さらとい）」という言葉があります。答えたけれど、さらにこう問われた場合にどうするかというので、その言葉がある。答えたけれど、さらにこう問われた場合にどうするかというので、想定される二の矢、三の矢を準備するのです。コマネチの人は更問の答弁をたくさんつくらせる。一つの問に対して一〇問くらいつくらせたりする。しかし、そういうことを心配したらきりがないのですね。

柳澤 前川さんは理想の上司だったのでしょうね。

前川 理想だったかどうかはともかく、少なくとも私は、比較的部下には自由にやってもらったし、資料なんかも最低限でいいという考え方でした。例えばいろんな行事であいさつするときに、部下にあいさつ文をつくらせるのが普通なのです。その際、ものすごく形式的なものの場合はつくってもらっていましたが、くだけた話でもいいような場合は、自分の言葉でしゃべればいいのだから、いちいちそんなものはつくらなくていいよという立場でした。

理想でない上司ばかり覚えているのですが、仕えやすかった上司と言えば遠山敦子さんでしょうか。文化庁長官を経て、小泉内閣のときには文部科学大臣をされましたが、遠山さんが課長のとき、私が係長で、お仕えしやすかった。大臣になってからも、私のことをずーと係長扱いしていました。いつまでたっても係長の前川君。

かつての同僚との続く縁とその理由

柳澤　私もかつての広報課のメンバーと飲み会をやる機会が年に一、二回あるんですが、いまだに「課長」と呼ばれます。それに何の抵抗もなく、そのほうが会話しやすい。うまく信頼関係があって機能しているとそうなるのでしょうね。

前川　それは、ありますね。

柳澤　なぜ広報課でそうなるかというと、一つは、まめな幹事さんがいるということで、もう一つは、自衛官の部下が一〇人ほどいたことです。そして、ちょうど冷戦が終わり、防衛政策の変革期でしたから、すごくおもしろかった。お互いに気を遣うことがなく今日まで続いちゃったという感じです。

前川 自衛官の部下の方々からも信頼が厚かったのでしょうね。柳澤さんは課長としてすべての部下に分け隔てなく接していらっしゃったんでしょう。ご人徳だと思います。

柳澤さんにとっての広報課に当たるのは、私の場合、財務課でしょうか。財務課というのは初等中等教育局にあって、全国の公立学校教職員の定数・給与とその財源としての国庫負担金、教材の整備計画、教職員の共済組合などの仕事をしている課です。私はその財務課の課長を丸三年やりました。一つの課長ポストに三年もいるのは珍しい方ですが、そこにはノンキャリアの人は比較的長く在籍するのです。極めて優秀なノンキャリア官僚が集まっていて、いまでも時々私を呼んでくれて、その際はやはり「課長」と呼ばれます。

それは、人生の一時期に一つの仕事を一緒にしていたことが一つです。同時に、財務課の中の結束がなぜ強いかというと、実は小泉内閣のときに、三位一体の改革で痛めつけられたからなのです。

三位一体の改革は小泉構造改革の一つの目玉政策だったのだけれども、これは小泉さんというより、総務省が仕掛けたのです。表看板は、地方の財政的自立律性を高めるということでしたが、実際には地方財政を苦しくしたのです。三位一体というのは、三つのことを同時にするということですが、第一にまず最初にやったことは、国の補助金、負担金を減らすということです。二つ目は、その分、国の負担が減るから、国税から地方税に税源を移譲します。地方の自由になるお金が増える、ひも付きのお金ではなくて税金が増えるのだからいいでしょうという話です。しかし、もう一つあって、三つ目は、地方の税金が増えるのだから、その分、地方交付税を減らしますというのです。これは、よく考えたらおかしくて、一つ目は減らす、二つ目は増やす、三つ目は減らすですから、減らすのが二つあって、増やすのは一つしかないんです。だから全体としては国が地方に渡すお金が減る改革だったのです。

そこで狙われたのが、さっき三兆円と申し上げましたけれど、義務教育費国庫負担金でした。しかし、義務教育費というのは、どう工夫しても必要なのです。教職員給与費の二分の一を国が負担していたのですが、これもどうしても必要なお金ですよ。それを自由に使えるお金に変えたからといっても、結局、地方は義務教育に使わざるを得ない。地方の自由度を高めることにはならないのです。むしろ義務教育の世界に地域格差をもたらす危険性が高かった。

だから、財務課は、三位一体の改革に抵抗したんです。滅茶滅茶抵抗しました。私は担当の一課長でしたが、月刊誌に反対の論文を書いたりして、かなり過激な行動をした。小泉内閣の良かったところは、そんなことをやる課長がいても、ほったらかしてくれたというか、百家争鳴というか、言いたいことを言うのは構わないという雰囲気があったことです。

小泉政権と安倍政権の「官邸主導」は別物

柳澤 そういえば、財務省にいた片山さつきさんも、女性初の主計局主計官として、小泉内閣のとき、月刊誌への寄稿で、防衛の費用はこんなに要らないって、公然と主張していました。こちらも、それをおおらかに見ていましたね。

前川 小泉内閣も官邸主導と言われていましたけれど、同じ官邸主導でも、第二次安倍政権とは全然質が違います。安倍さんの官邸主導というのは、官僚が自由に発言するとおとがめがあって、言うことを聞く人間しか登用しないというものですから。

柳澤 官邸主導というより、すべての役所を官邸化しているようなものです。全部を自分の内輪に囲い込んでしまうみたいな、そんな統制の仕方なんでしょうね。

前川 小泉内閣のときには役所の独立性はちゃんと認められていました。文科省は文科省で主張すればいいんだという雰囲気があった。財務省や総務省が別のことを言うけれど、その場合は意見を闘わしなさいという感じでした。異論を述べることには躊躇する必要がなかったのです、あのころは。いまは違う。

第二章
安倍政権とそれを支える官僚のこと

安倍政権の右傾化とその構造

前川　冒頭で、柳澤さんが私との違いに言及されました。その違いは、二人のタイプの違いということだけではないでしょう。私が現役の最後の時代に、第二次安倍政権にぶちあたってしまったところが大きいと思います。

安倍政権には問題がたくさんあると思いますけれども、文部科学省の分野で言えば、非常に右傾化していることが問題です。国民を思想統制するのではないかというところまでいきそうな気配があって、非常に危ない。特に、小学校中学校で道徳教育を強化して、「お国のためには命を捨てろ」みたいな、戦前のような考え方、個人より国家が大事だというような考え方を刷り込むところまで行ってしまうのではないかと危惧します。

もう一つは歴史修正主義的な歴史教育です。安倍政権を支えているのは、旧日本軍は悪いことをしなかったとか、南京虐殺はなかったとか、従軍慰安婦に軍は関与していなかったとか、沖縄戦の集団自決は沖縄住民の愛国心からおこなわれたことであって、軍の強制はなかったとか、そういう考え方の人たちです。それをストレートに教育の中に持ち込もうとする力が非常に強まっているので、これが怖いなと感じます。

柳澤 安倍応援団にそういう人たちが集まってきているのは事実です。けれども、安倍さん自身がそこまで考えているかというと、そうとも言えないような気がします。安倍さん自身の発想というのは、昔のような国にしたいということではなくて、ぶっちゃけた言い方をすると、むしろ憲法改正のような大きな仕事をした総理として歴史に名を残したいということではないかと思うのです。

安倍さんは二〇一二年の末に政権に就いて、翌一三年の末に靖国参拝し、アメリカから危険視されます。その辺が賢いのは、まず応援団に対する配慮としてアメリカが怒ることを先にやってしまうのですが、その後は参拝を取りやめ、一四年にはオバマ大統領を日本に招いて、「尖閣は安保条約の適用対象だ」と言わせるようなかたちで、事実上修復していく。戦後七〇年談話に関しても、「いつまでもあとの世代が謝らないでもいいように」と述べるわけですが、それは昔のことを肯定するというのとは違って、もっとビジネスライクな発想に見えます。もう反省したのだから先に進もうというメッセージです。それは、相手に向かって言うことではない。

憲法改正についても、まわりに集まっているのは、憲法が占領軍の手で押し付けられたことを嫌い、日本人の手でつくり直さなければならないと考えている人たちです。ただ、安倍さんがそこまでの深み、重みを持って考えているかというと、そうは見えない。子どものころから、大物のおじいさんがいたのですが、おそらくご自身はそんなに期待されてはいなかったのではないか。そうやってある種のネグレクトされて育った子どもが大人になり、どこに自分のアイデンティティを求めていくかというときに、おじいさんを超えるというところにそれを求めた。そういう個人的な情念みたいなものが安倍さんを動かしているというほうが、理解しやすいと感じます。

「安倍ファクター」ともう一つの「ファクター」

前川　私もそんな気はします。お母さんから受け継いでいる部分もあるのではないかと思うのですが、とにかく岸信介さんは自主憲法制定を目的にしておられたわけだから、そのおじいさまの果たせなかった夢を果たすこと自体を大事にしているということでしょうか。安倍さんは政権を取って間もない頃は九六条の改正と言っておられましたが、それが不評に終わると緊急事態条項を持ちだし、いまは四項目という話になっています。九条は常に念頭にあるかもしれませんけれど、結局どこでもいいんじゃないかという感じはします。参議院選挙の合区を解消するための憲法改正なんて、単に政治家の都合だけなのではないかと思います。教育を受ける権利に関する二六条改正案なんかも、まったく無用の改正です。

柳澤 おっしゃるように、どこでもいいのでしょうね、憲法を変えられるのであれば。

前川 たしかに一度も改正していないんだから、憲法改正したというだけで一つの大きな出来事だし、歴史に名は残るでしょうね。

柳澤 いま考えなければならないのは、日本社会が直面している問題として、「安倍」というファクター以外にもう一つ別の、時代の大きなファクターのようなものがあることです。これまで日本は、戦後の平和主義とか個人の尊厳などを建前としては維持しながらやってきたけれど、その日本の社会国家のあり方を変えるような大きなファクターがある。

安倍さんはその流れをつかんで出てきたので、その流れは、安倍さんが辞めたからといっても、決して終わらないほど大きなものです。それを私は、講演の中でお話しするのです。お年寄りが官邸の前に集まり、「憲法守れ、安倍辞めろ」と叫んでいて、それは健康保持のためにはいいと思うけれども、そういう言葉が安倍支持の割合が高いと言われる若い人たちに伝わるのかどうか、よくよく考えておかないといけない。それに、安倍さんが辞めたら問題が終わるのかというと、そういうことでもない。

前川 安倍さんの替わりがまた出てきますからね。大阪には「維新現象」とでも呼ぶべき状況がある。教育への政治介入は、全国の市町村レベルで生じています。平和、人権といった憲法の価値観が日本中で危うくなっていると感じます。

柳澤　この問題はかなり根強く残ると思います。それほど大きな日本社会の変化が背景にあるからです。だから、そこに対する理論武装をちゃんとやっておかないと、護憲の運動も続かない。安倍さんが悪いという言い方をしていたら、安倍さんが辞めても変わらない事態に直面することになるので、運動論としておかしいという問題提起をするのですが、なかなか受け止めてもらえません。そういう大きな変化が、すべて安倍さんの登場とともに出てきたから、安倍さんに特化して批判的にならざるを得ないことは理解するのですが。

現職のときにできること、できないこと

前川　たしかに安倍さんを支えている人たち、日本会議のような広がりのある組織が存在します。その人たちがみんな自主憲法制定と同時に教育の改革を叫んでいる。改革といっても、戦前の教育に戻すようなこと、教育勅語の復活みたいなことを考えている人たちです。

日本会議系の会合で、政治家が首を並べてしゃべっている動画がネット上にありますが、長勢《ながせ》

甚遠《じんえん》さんという法務大臣をやったような人まで出ています。そういう人たちが、国民主権と基本的人権の尊重と平和主義という、日本国憲法の三大原則を全部捨て去れ、これを捨てなければ日本は良くならないという主張を堂々としている。それがあたり前のようになっている世界があるのです。

私が文科省にいた頃は、すでにそういう人たちをも相手にしなければなりませんでした。だから私は、現職の役人のときには、面従腹背という立場で、表向きは従うが心は従わないという立場でやるしかなかったのです。

柳澤 そういう大きな変化があるから、小林節先生のように自民党のブレーンだった立場の人からも、もう付いていけないという批判も出るわけです。だって、天賦人権説のように、近代国家としてもっとも変えてはいけないところまでいじろうとするわけですから。

最近、このようなお話を人前でしていると、聞いている人から、「勇気がありますね」と言われることがあります。確かに、官僚を辞めて最初のころは、それこそ官僚的な、留保をつけたようなしゃべり方をしていたように思います。官僚時代は自分だって批判されるようなことをやっていた自覚もあるから、政権を批判するのにも、自分の過去に自分なりに決着をつけておかなくてはいけないという気持がありました。

でも最近は、「湯上りみたいにさばさばしているな」と言われるようになった。さっき前川さんがおっしゃたように、誰にも世話になっていないですし、それなりの年齢になってあと何年しゃべれるか分からないから、自分がおかしいと思うことをおかしいと言い残しておきたいという動機のほうが強くなっている。

前川　私は辞めて三年経っていますが、柳澤さんに比べればまだ現職時代と近いですから、特に現職の後輩たちから、なぜ現職時代に同じことを言わなかったんですかと問われます。でも現職の官僚として仕事をしているときには、できることとできないことがある。やはり組織の中で、一つの権力関係の中で仕事をしているから、自分の裁量の範囲でできることもあるのだけれど、最終的に組織として決まったことをやらざるを得ないところもあるのです。

柳澤　現職のときに思うとおりに言ってしまったら、面従腹背にならないんだよね。

前川　ならない。

柳澤　そして、事務次官にもなれないわけですよ。ぼくも同じような言われ方をすることがある。同時に、現職のときは正しいと思っていても、あとから歴史の検証をして、当時の判断はおかしいなということもある。それは別なんですよ。私だって、アメリカが正しいと思って、生きがいを持って仕事していましたから。

最近、ずっと懇意にしていた石破茂さんと久しぶりに話す機会があり、私がもっと多くの防衛OBと議論できないのかと聞かれたので、私の名前が出ると防衛関係者の多くは避けてしまうようです、と答えました。私のことを裏切者とまで言う人もいますが、何も裏切ったつもりはない。私の政権批判に同調したくないのでしょうが、たまたま安倍さんが長くやりすぎているから、余計にそういう雰囲気はある。

私としては、政権批判を目的に自分の論理を組み立てるのではなくて、ある政策をやることで生じるリスクを政治が理解したうえで政策を決めるべきだという論理で物事を言おうと心がけてはいるのです。そもそも政権批判の最初は鳩山政権でしたし、どんな政権であってもおかしいと思ったら批判する、というスタンスは変わりません。

ノーと言える官僚になれるのか

前川 いまの安倍政権の特異なところは、官邸による官僚に対する締め付けがものすごく強いことです。先ほど話が出ましたが、それこそ身内か使用人か敵かみたいなことで、味方と敵をはっきり分けるし、官僚が全部、官邸の使用人になってしまっている。おそらくどこの役所でもそうでしょうけれど、ちょっとでも官邸と距離を保とう、距離を置こうとする人間は外されていって、次官や局長という幹部ポストは、官邸の言うことを何でも聞く人間しかいなくなっているのが現状です。

官僚の人事は普通二年ぐらいで変わるのですが、第二次安倍政権は七年以上続いているので、一つのポストで三、四回は人事が変わっていて、その度に官邸に近い人間が登用され、官邸と距離を置こうとする人間は、あまり権限のないポストに追いやられてしまっている。そういう人事が繰り返されているので、官邸の言うことをなんでも聞く人間ばかりが、官僚組織の上のほうを占めてしまっている。事務次官は、役所の下の人事まで権限を持っていますから、上の方を占めるということは、下まで及んでいくわけです。

柳澤　防衛省も同じだと思います。私は安倍さんが戦争しようとしているとは思っていないけれど、アメリカとの一体化を進めるために、自衛隊を外交の道具として使っていく、そういうアメリカの要請にできるだけ応えられるようにしていくというところは、方向性として決まっているところがあります。政策論争という意味でも、もう決着がついている。だから逆に、官僚のほうもストレスなく安倍さんに付いていっている側面がある。

問題は、本当に限界を超えるようなリスクが予想されたとき、そこで抵抗できるかどうかです。

冨澤暉《ひかる》元陸幕長は、自衛隊がいろんなことがやれるようになり、政治のコントロールが強くなる中でも、自衛官に対して、君たちが無理だと思ったことはできませんとちゃんと言いなさいと述べているけれど、そういう場面がまだないのです。あったときにどうするかが問題でしょう。

ＰＫＯでは現在、シナイ半島の多国籍軍の司令部に自衛官が二人出ています。しかし、南スーダン以降、道路工事であっても自衛隊を部隊として出していません。それは、現在のＰＫＯが戦争の当事者となることを厭わないようになっているので、自衛隊や官僚の側も危険を自覚しているからです。政治の側が派遣しろと言いださないよう、どこかで意思疎通をしているのかもしれません。

けれども最近、アフガニスタンではかたちの上だけでもタリバンと米軍との間の停戦が成立しましたから、米軍の撤退と引き替えにどこかの国が部隊を出さなければならないという話になる可能性がある。その際、ヨーロッパの国々はすでに部隊を派遣してさんざんな目に遭ったから、行くとしたら日本だろうということになり、トランプさんが本気で安倍さんに頼み込んできたとき、防衛官僚が安倍さんにノーと言えるかどうか。そのときに、本当に試されるんだろうと思います。

ゆとり教育を訴えた官僚のこと

前川　ＰＫＯはピース・キーピング・オペレーション、平和維持活動だから、もともと紛争当事者間でしっかりとした停戦の合意があることが前提で、その合意が崩れないよう間に入るという活動だったはずですよね。しかし、柳澤さんのおっしゃるように、戦争の当事者になってしまうケースがあるわけですね。自衛隊は戦争をしてはいけません。そこは防衛官僚としてもノーと言わなければならないところですね。

ノーと言える官僚というのは、どうしても必要だと思います。文科省でいうと、かつて寺脇研さんという官僚がおりました。私の四年先輩です。

寺脇さんというのは、かなり特異な人です。組織の中で言いたいことを言って暮らしていた人です。だからこそですが、役人としては一定の所まで行ったけれど、文化庁の文化部長が最後となりました。やはり、政権与党から睨まれたのです。特にゆとり教育派ということが問題になりました。

私も実はゆとり教育派でして、教育はもっとゆとりを持ったほうがいいと思います。詰め込み教育の反対語がゆとり教育です。ものを考えたり、いろんな活動をする時間のほうが大事だと思っているのです。ところが、ゆとり教育に対するバッシングがあり、二〇〇〇年代の半ばくらいから現在に至るまでの十数年の間、反ゆとり教育路線が進んでいます。ゆとり教育で日本の子どもの学力が低下したということが理由になっているのですが、それはどこでも実証されていません。それどころか、ＯＥＣＤのテストなどを見ても、むしろゆとり教育を受けた子どもたちのほうが成績がいいという反証があるくらいです。

しかし、ゆとり教育で学力が低下したということが神話のようになっていて、小学校も中学校も授業時数が増え、教科書もものすごく分厚くなり、たくさん教え込むようになっている。初等中等教育に携わるいまの現職の人たちは、ゆとり教育を脱したという建前の中で仕事しているから、いまだにゆとりが大事だと言っている私や寺脇さんは「困った人」という位置づけになっています。だから、特に課長くらいから上で、責任ある意思決定に参画するような立場にある人たちは、私のところに寄ってこない。若い人の中には、花見をするから来ないかと誘ったら、やってくる人もちょこちょことといますけれどもね。

柳澤　私はあえて、現役官僚との接触は求めません。相手が困るに決まっているから。

ただ、自衛隊の現役の幹部の人たちと話をしたりすると、理解をしてもらえるところはあるのです。なぜかと言えば、自衛隊にどういうリスクを負わせるのかを政治が理解すべきだというのが、私の訴えの一番のポイントだからです。そこは自衛官と通じるものがある。でも、その問題意識をベースに、官僚とは議論ができないのです。特に現役の人たちとは難しい。ただ、私の問題意識は、何かのきっかけで、いずれかならず役に立つと思っていますし、それだけの価値があることを発信しなければならないと思います。

小泉、安倍、福田、麻生という首相

前川　政治との関係といえば、柳澤さんは官邸で四人の首相に仕えたわけですが、人によってかなり違いがありましたか?

柳澤　小泉さんは、「自衛隊がいる所が非戦闘地域」というような発言をしても、それでもなんとか収まってしまうというところがあった。あの人だからしょうがないなみたいな、不思議なパワーを持っておられた。私も、小泉さんと直接やり取りしたことはそんなにあるわけではないけれども、秘書官を通じて総理の考えが伝わってきて、その方向で仕事をしていれば、途中で梯子を外されるという心配は全くありませんでした。

イラク戦争を支持する決断などを考えると、総理というのはものすごく孤独なんだと思います。

官僚は、支持したらこういう批判があるかもしれないという問題点ばかり挙げて、けれども支持してほしいという目で見つめながら総理のところに持っていく。それに対して総理は、自分なりの判断で、支持すると決めたら早く実行することでインパクトが高まることも含め決断したと思います。そして、決めたことは自分で責任を持って断固としてやるというのは、小泉さんの場合、非常にはっきりしていました。総理の思惑と違うような動きをやったりして怒られたこともありましたけれども、逆に、怒ってくれるからいいよねという感じもありました。

安倍さんですが、第一次安倍政権のときの官邸は、「少年官邸団」と言われるような状況で、本当に安倍さんの思いだけが先行している感じでした。みんな俺が俺がみたいなかたちで動こうとしていて、ワンチームとして動くという雰囲気がないという印象がありました。のちの民主党政権も同じだったと思うのですが、政治家として稚拙とまでは言わないけれど、練度が足りないという感じでした。だから、与党の幹部もまともに対応しようとは思っていなかった。はっきり経験不足だったと思います。安倍さん自身、閣僚ポストは官房長官しか経験していなかったし、いろんな役所の状況にもなじんでいないし、対立の場でたぶん揉まれてなかった。ストレスへの耐性がないまま、偉くなられたんでしょうね。ガバナンスが全くできていないという状況だったと思います。

ただしかし、そこを第二次政権になって完全に修正してきたところは、正直に言ってすごいと思います。ただ、力づくのガバナンスですから、乱れも出ますが、崩れない。

福田内閣は、第一次安倍内閣による混乱を修復するために、実務家内閣として誕生しました。福田さんは小泉内閣のときに官房長官で、同じ官邸にいた経験もあり、一番話がしやすかった人でもあるのです。実務の感覚をよく分かっていただいているからです。いまだに、ほんのたまにですけれどもランチに誘っていただいたりして、ありがたいなと思います。

麻生さんは、がらっぱちのように見えますが、決してそうではない。悪《わる》ぶっているけど悪ではない。いいとこの生まれ育ちだなとすごく感じます。けっこう人に気遣いしているし、我々に対してもちゃんとあいさつをされるようなところがある。決して悪い人ではないというのが私の印象です。なぜあんなしゃべり方をしてしまうのかなと不思議ではあるのですが。

私としては、それぞれの方と信頼関係はひと通り築けたのかなという感じはしています。安倍さんを除いてですけれども。

橋本首相のこと、小泉首相のイメージ

柳澤 官邸で仕えたわけではありませんが、橋本龍太郎さんのことも印象に残っています。橋本さんは議論をするのです。国会の中でも同じです。その際、安倍さんのように、相手の質問の揚げ足を取ったりする言い方ではなく、理屈でかみ合わせようという感じがすごくあったように思います。相手が質問してくるのに対して、自分の別の考え方を言いたいときに、まずこの問題はそもそもこういうものであると考えますというような言い方で、本来あるべき論理を提示して、その上でいまのご質問に答えればみたいな受け答えをしていた。相手の論理がズレていると言っていることなので、かなり嫌味だったかもしれませんが。

前川 小泉さんと直接お話しすることはほとんどありませんでしたが、小泉政権のことはものすごく印象に残っています。小泉政権には、私の立場から言うと、いろんな無理難題を押し付けられたからです。非常に新自由主義的な政策が強まった時期で、公共的な部門に対してまで市場主義を入れていこうということになった。

その最たるものが、構造改革特区の中で、株式会社が学校を設立してもいいということにしろということでした。実際、株式会社立の大学もできたし、株式会社立の小学校や高校もできたんです。しかし、いままで生き残っているのは、ほとんど広域通信制高校だけです。勉強しなくても卒業証書をほしいというニーズがあり、お金になるのでつぶれないんです。一方、市場に任せるわけですから、コストを掛けなくても授業料が入ってくるような事業がしたいという事業者の思惑と一致している。その結果、悪貨が良貨を駆逐するように、悪い教育が良い教育を駆逐してしまうことが起こるわけです。ＮＨＫ学園のような老舗の通信制高校は、入学者が減ってしまっている。株式会社立学校というのは、私は弊害が多いと思っています。

そういうこともあって、小泉政権時代にはあまりいい思い出はないんですが、小泉さんという方に対しては明るいイメージがあります。とにかく正面切って議論することを許してくれたからなんですが。

近畿財務局の赤木俊夫さんの自殺をめぐって

柳澤　森友学園問題で近畿財務局の赤木俊夫さんが自殺され、公文書を改ざんするよう強要されたことが理由だとして、最近、奥様が国と佐川宣寿元国税庁長官に約一億一〇〇〇万円の損害賠償を求めて提訴しました。再調査も求めておられます。その際、赤木さんの遺書が公開されましたが、たいへん重たい問いを突き付けていると思います。

私の娘が仕事でカウンセリングをしているものですから、ああいうかたちで遺書を残して自殺をされる人の心境というのはどういうものだろうかと、率直に聞いてみたのです。娘が言うには、こういうことでした。

一つは、あまりにもストレスが大きすぎて自分で抱えきれなくなると、人は鬱になって自殺願望を持つことがあるそうです。さらに、何がストレスだったのかと考えてみると、やはり、ここだけは絶対やってはいけないところを、やらなければいけなかったということではないかということでした。もう一つは、お父さんみたいに最初からキャリア官僚として、まわりからも守られながら大事にされながら育ってきた人と違って、ノンキャリアの人の立場はすごく弱いんだということでした。ここだけはやってはいけないと思うことをやらされるけれど、その責任を上がとってくれない。自分が負わなければいけない。命じた側が、「いや悪かったな、俺の責任だ」と言ってくれれば救われるはずなのに、誰もそうしてくれない。だから、公務員として誰かが何らかのかたちで責任をとって事案を決着させないといけない――彼の中では、そういう思いが強かったのではないかということでした。

私も、なるほどそうだろうなと思いました。そこで、「生きて告発するというやり方はあり得なかったのかな」と聞くと、それだけの気力が残らない状態まで追い込まれてしまったんでしょうということと、同時に、誰かがちゃんと責任をとってほしいという思いが遺書として残ることを期待したのではないかと言っていました。

本当にこれは、誰かが「責任は私にある」と言って、彼を楽にしてやらなければいけなかったのではないかと感じるのです。その人が実際に責任をとるか、その個人が反省しているかどうかは別として、そうしなければならなかった。

あるいは現在でも、佐川さんにしろ、財務大臣にしろ、線香の一本もあげに行けよということなんです。あるいは、かりに本心でなくてもいいから、「もう一回、念のため経緯を調査確認してみます」くらいは言わないと、故人が浮かばれないと思うのです。

そんなことさえできない組織というのは、やはりどこかで無理がくる。責任をとるべき人がとらずに、弱い立場の部下にそれを押し付けている。それがこの物事の本質なんだなということですね。

赤木さんは個人の使命感が組織の目的と一体化

前川　私も同じよう思いますね。赤木俊夫さんという方は、週刊文春などに出ている記事を読ませてもらうと、ものすごく真面目な人です。この方は国鉄からの転職組でしょう。国鉄がＪＲになるときに人員整理されたのですが、その中で非常に優秀な人たちが国鉄から国家公務員になったり地方公務員になったりしているのです。ちょうどそのころ、私は宮城県に出向していて、宮城県でも学校現場の事務職員などに国鉄から人を受け入れましたけれど、いい人がきました。財務省の財務局に転職したということは、ご本人も非常に優秀だったと思います。その後がんばって、立命館大学の夜間に行って勉強もされています。

私が思うのは、赤木さんという方は本当に真面目な人で、組織の使命と自分の使命とが一体化していた人だったのだろうということです。組織のために仕事をすることは、とりもなおさず国民のために仕事をすることで、私の雇い主は国民ですということをおっしゃっていたそうです。憲法一五条に「すべて公務員は、全体の奉仕者であって、一部の奉仕者ではない」とありますが、そういう奉仕者としての自覚を強く持っていた。それは、自分に与えられた仕事をしっかりやることがイコール国民のためになることだと、そういう個人の使命感が、組織の目的と一体化していたと思うのです。

ところが、組織のほうがおかしくなって、国民のためではないことをやれと言いはじめた。決裁文書をあとから改ざんする、しかも改ざんしたものを国会に出すというわけですから、誰が考えてもやってはいけないことです。それをやらされたことによって、軸が崩れたというか、組織の使命と自分の使命が一致していたはずなのに、それが正反対の方向に分裂してしまった。自分は組織と一体化しているということがアイデンティティだったのに、アイデンティティ・クライシスみたいなものが起きたのではないか、という気がするのです。こんなはずじゃなかった、なぜこんなことをしなくてはいけないんだという。涙を流して抵抗したということに表れていると思うのですけれど。

美並さんという当時の近畿財務局長が、私が全部責任をとるとおっしゃったというんだけれど、その後、実際に責任をとっているようには思えないし、そもそもそれを指示した佐川さんだって、本当のところは分かりませんが、反省しているとは思えない。

一連の改ざんというのは、役人の世界で起こったと思うので、官邸とはなんらかのつながりがあったのではないかと思いますが、麻生大臣は、おそらくあとから知ったのだろうと思います。しかし、自分の部下がやっていたことなんだから、やはりトップとして責任があります。そのために命を絶ってしまった人がいるということについて、その命が失われたことについて、責任を感じなければおかしい。

命じた側は間違った使命感を自覚していない

柳澤 やはり人としてどうなのと思ってしまうのです。いま前川さんが言われたように、組織の中で仕事をする場合、たぶん民間の会社でもそうなんでしょうけれど——最近の外資系は知らないけれど——、組織のためにやることが天下国家のためだということで、そこをイコールにして、それによって自分を納得させるわけです。さっきの、私の雇い主は国民ですという赤木さんの言葉は、本当にすごいなと思います。公務員というのは、実際には組織に従属する人間なんだけれど、パブリックサーバント（全体の奉仕者）として社会全体の利益に役に立っているんだという、その擬制の上に成り立っているわけです。そこがズレてしまうことは、本当に存在の否定と同じことになるのでしょうね。

ところが、命じた側はたぶんズレを感じていない。つまり、官僚が省益に走るのは良くないに決まっているのだけれど、それを超えて政権益というか、政権の保身のためになることをやることが、自分の官僚としての使命のような重ね方をしている。命じた側は、そういう発想なのではないかと思えて仕方がないのです。

私は、官邸からの指示で改ざんしたとは思わないのですが、そういう使命感にのっとったうえで、官邸を守るために、総理の立場を守るために改ざんを指示したということ、その限りにおいて、自分の使命感から見て、たぶん一点の曇りのないことをやっている。そうすると、自殺に追い込まれた方とのギャップはものすごく大きい。そういう間違った使命感を自分では自覚できないでしょうから、そこがすごく深刻です。でもそれがないと、死んだ人が、本当に浮かばれないのです。

防衛省の不祥事を見ていると思うのですが、自衛隊の場合、一つ大きな文化としてあるのは、全部が指揮官の責任なんだということです。もちろん自衛隊の中でも、不祥事があると、組織を守ろうとしてごまかそうとする傾向はあるけれど、実際に戦争の現場に行ったときには命懸けの世界になるので、指揮官がそのときに、部下が悪いからこうなったんだというようなことは、絶対に言ってはいけないのです。そういう躾教育がずーっとなされているのです。

南スーダンの日報を隠蔽した問題についても、防衛大臣に報告しているのにしていなかったことにされる。大臣を守るために部下が悪者にされたために、陸上幕僚監部から大臣発言のメモがリークされた。大臣を含め、指揮官の資質が問われるのはそこなんです。

そこからすると、森友の話は、ものすごくおかしい。こんなことをやっていたら、組織が崩壊するでしょう。上がとるべき責任をとらずに、部下をそこまで追い詰めるというのでは、組織として成り立たないのです。これまで自分の悪事がばれて自殺したというケースはあったと思います。また、慣れない仕事のストレスで追い込まれて亡くなった方も知っています。けれども、自分が命じられた仕事の責任を感じて自殺した、そして命じた側が何も責任をとっていないというケース、組織運営の原理を上が崩壊させたために起きた自殺というのは、これまでなかったのではないでしょうか。

現政権下では権力イコール正義

前川 私もほかには例を知らないです。確かに仕事がきつくて鬱になって自殺したケースはあります。自分で収賄していたというケースもあります。しかしこの場合は、命じられて不正を働いて、それを苦にしているわけですから。

赤木さんの手記を見ていると、何事もなかったように、何の心の痛みも感じずに、どんどん改ざん作業をやっている人のことも書いてあります。彼は、そういう人のことは信じられないというか、公務員としてはあってはいけないような人だと見ているわけだけれど、いや、上から言われたことはやればいいんだって、割りきって何も心の苦痛を感じない人がいるわけです。本省から出向していた人で何人かそういう人もいる。実際、どこでもこういう人はいると思います。

しかし、赤木さんは自分自身の使命感を持っているのに、組織のほうがおかしなかたちになり、命じられた仕事と自分が正しいと思う仕事が完全に真逆になったのだから、それは耐えられなかったでしょうね。

柳澤　とくに旧国鉄から国家公務員に移ってきた人は、余計に国家公務員たろうとするわけです。もともと国家公務員として採用された人と比べても、そこの意識はもっと強烈なはずなんです。それにしても、もともとの国家公務員が、命じられたらなんでもやればいいんだというのでは、あまりに深刻です。ここまで来ているのかという感じですね。

前川　いまは、権力イコール正義になっている。権力に従えばいいんだ、何も考えなくてもいいんだというところまで公務員の気持ちが来ているではないかと危惧します。

柳澤　公務員がこういう状態にあることは、本当なら、内閣総理大臣にとっては何とかしなければならないことです。しかし、安倍さんという人は、とにかく批判されるのが絶対にいやで、自分の聞きたくないことを聞かされるのが絶対にいやな人なのです。居心地がいい状態ではないといやがる。それは国会の答弁の仕方を見ていれば分かるのですが。

東京高検検事長の定年延長問題

柳澤　もう一つ本当に深刻だと感じたのは、東京高検検事長の定年延長の話で、人事院の給与局長が、自分の過去の発言を「つい言い間違えた」と答弁したことです。検察官には国家公務員の定年延長は適用されないとずっと言ってきたのに、安倍内閣が検事長の定年延長を決めると、内閣の方針にあわせるかたちで自分が言い間違えたということにした。

官僚は、何とか屁理屈でも理屈をつけ、そこで負けたら仕方がないと考えるはずなのですが、事実関係の問題ですから、理屈のつけようがない。だから、「私が馬鹿です」という答弁になる。もちろん、本当に自分が失敗したと思うならば、潔く謝って、馬鹿だねと言われても構わないということはあると思うのです。だけど、自分はずっと正しい経緯を答弁しているのに、総理の答弁と食い違ったとたん、自分が間違っていたことにするなんて、それで平気なんだろうかと。

前川　あの松尾恵美子さんという局長は苦しいですよね。あれでは部下に示しがつかないでしょう。人事院の総裁である一宮なほみさんも完全に加担しているわけですし。国家公務員法の解釈を変えたというのは、あと付けに決まっている。定年延長の閣議決定をする前に、関係者の間で解釈を変更してあったんだという、私から見ると完全なフィクションをつくっているわけです。そのフィクションに人事院総裁が加担しているわけですから、その下にいる局長としてはそれに従うしかなかったんだろうと思います。それにしても国家公務員法の定年延長規定が検察官には適用されないという解釈は変わっていないと答弁したあとで、実はその答弁の前に解釈を変えてあったんですと言わなくてはならなくなって、にっちもさっちもいかないところまで追い込まれたわけです。かわいそうです。

人事院は本来内閣から独立した組織です。中国で辛亥革命を起こした孫文には三民主義とともに五権憲法という考え方があったそうですが、五権のうち四つ目、五つ目は公務員人事に関するものです。公務員に中立性を持たせるために、一つ権力が必要だという考え方です。日本の場合は憲法には書いていないが、しかし、会計検査院のような独立性の高い機関として人事院が置かれているわけですから。

柳澤　人事院の独立性はむしろ戦後アメリカから導入された発想でしょうけれどもね。

私が松尾さんの立場だったらどうするか考えてしまいます。私はウソをついていましたと答弁することを求められるわけですから、細工のしようもないし、そういう答弁はできないと、上司に言うしかない。そして、処分でも何でもしてくれと開き直る以外に自分を守る手立てがないのだと思います。そんな答弁をしていたら、国民も信用しないけれど、部下から信用されなくなって仕事ができなくなりますから。

前川 僕だったら平気で同じような答弁をしますね。むしろ誰にでも答弁の矛盾が分かるように。その代わり、どこかで真実をリークするという手法をとると思う。

柳澤 その方が政権にとってはタチが悪い。

これではやっていられないので辞めさせてくださいというなら、まだつじつまが合うのです。でも、なにかそういうことを平気でするようなことが、いつの間にか官僚文化になってしまったのかなということでしょうか。

やっぱり、これまで官僚はプライドは持っていましたよ、みんな。馬鹿のフリをしているけれど、俺は馬鹿じゃないぞというプライドがあった。

政治主導のあるべき姿とは異なる

前川 柳澤さんと私は、官僚として一〇年くらいの差があります。その一〇年の間に政治主導がものすごく強まってきて、役人と政治家との力関係がだいぶ変わってきました。私は官僚主導より政治主導のほうが民主主義としては正しいあり方だと思います。かつてのように、官僚が自分たちで何でも決めるんだ、政治家にはただ振り付けをしておけばいいのだというのは、民主主義のあり方としては間違っていると思うのです。

ただ、いまの官邸主導はあるべき姿の政治主導とは違っていて、政府全体を私物化してしまっているのです。自分たちの都合のいいように動かして、検察の人事まで自分たちの都合のいいようにしようとしているのは、ものすごく危ないことだと思います。本来は独立性を持っていなければいけないはずの人事院までがそれに巻き込まれて、総裁までが加担して、その中で、普通の答弁をしたはずの給与局長が、あとでとんでもない言い訳をさせられた。いまの官僚というのは、とにかく政治の下にいるのが我々なんだから、それもやむなしと思い込まされているところがあると思うのです。

柳澤　そこまで割り切っているのでしょうね。官邸益を守るのが公僕としての務め、みたいに。そこまで来ると、官邸益というより、病気のほうの疫で、官邸疫ですね。

官僚というのは、これまでいろいろ批判されてきましたけれども、それぞれの省庁で、それぞれの省益の哲学を叩きこみながら、雑巾がけから始めて、しつけの見習いまで含めて教わってきた。そういう人材育成の仕方をしていたのです。

そこの線が、どこかで切れてしまっている。安倍政権が続くかぎり仕方がないのかもしれない。けれども、そういうことを続けていて、いまおとなしくしている人が、政権が変わればちゃんとやれるのか。これは、見てみないと分からないですけれど、これだけ七年半スポイルされ続けると、本当に戻るんだろうかと心配になります。重石が取れれば復元すると信じたいのですが。

前川 私もそれを危惧しています。心配ですね。ちょっと簡単にはもとに戻らないのではないかという気がします。

柳澤 忖度以外に、組織の進むべき道を示す哲学がなくなってしまっている。

前川 自分で考えない役人が増えてしまった。

柳澤 会社なら潰れていますね。

前川 どんな人が安倍さんのあとに来るかにもよるでしょう。同じ自民党でも、例えば石破さんだったら——私は石破さんの考え方に何でも賛成というわけではないですけれど——、間違いなく正直な政府にはなると思います。国民にウソをつかない政府にはなる。とにかくいまは、ウソをウソで固めて、どんどんウソが増殖するような、それが当たり前になっていますからね。

現在の官僚に望むこと

柳澤 いま官僚をしている人には、おかしいなと思ったら、その問題意識を持ち続けてほしいと思います。安倍政権で大きな変化がいくつもありましたが、何が欠けているか検証ができていません。そこをちゃんと検証するのは官僚としての義務だと思うので、そういう問題意識を持って、検証のためのデータをしっかり蓄積しておいてほしい。データはシュレッダーにかけないで残しておいて、あとでいいからこの間の検証を責任もってやってほしい。いま逆らえないとすれば、それしかないのではないか。

前川　少なくとも、何が起きていたのか、あとで分かるようにしておくのは大事だと思います。いまの第二次安倍政権にひたすら服従する各省の次官や局長といった幹部を、私は「なんでも官邸団」と呼んでいますが、自分で判断することをあきらめてしまっている。というか、とにかく官邸から言われたことをやればそれでいいんだ、そうすれば自分たちの保身もはかれるし、出世もできるし、退官後のポストも保証される。そういう出世や保身を考えれば官邸の言うことを聞いていれば一番いい方向だと考えている人たちが登用されています。だから、いまの幹部には期待できないと思っている。

　しかし、役人の中にはそうでない人も沢山いるし、現場組織でがんばっていた赤木さんのように、使命感を持って国民のために仕事がしたいと思っている官僚は本省にだっているはずなのです。

若い方にも頑張ってほしいと思っています。ただ、いまの若い人たちはものすごく疲弊しているのです。国家公務員の定数がずっと減らされつづけた結果、役所の組織が、逆ピラミッドのようになってしまっている。昔はピラミッド型で、課長の下に課長補佐が二人いて、係が五つ、六つあって、係の中には係長がいて、その下に二人位の係員がいて、次席とか三席とかの言葉があった。けれども現在は、次席とか三席とかがいない、係員がいないという係が増えています。一方では、上のポストはつくられているので、そうすると逆ピラミッドになってしまう。

柳澤　処遇改善のためにね。

前川　いまも国会を毎日やっていますけれど、国会の答弁を毎晩、毎晩書いている若い人たちは本当に疲弊している。不祥事を言いつくろうような答弁ばかり書かされている。しかも、野党で追及のためのチームを課題ごとにつくりますから、そこにも呼び出されて、詰問されています。そこでの答弁を見ていても、ほとんど答えになっていない答えを、壊れたレコードみたいに繰り返しているだけで、本当に痛々しい。自分でもひどい答弁だと思いながら答弁しているんだと思います。

だけど私は、そういう若い人たちに、とにかくまずは生き延びてほしい。それと、魂を売らずに、自分の魂を持っていてほしい。憲法九九条で憲法尊重擁護義務を持っているとか、憲法一五条で全体の奉仕者として仕事をするんだとか、あるいは内閣の一員として法律を誠実に執行するとかという本来の使命があるわけですから、
その中で、それぞれ防衛省なら防衛省、文科省なら文科省で、本来自分がやるべき、国民のためにやるべき仕事は何かを常に考えているということは絶対に必要だと思うんです。いまやらされている仕事がそれに一致しないことが往々にしてあるのだけれど、少なくとも自分自身の座標軸とか価値感を持ちつづけてほしい。それを失ってしまうと、もう言われることだけをやっていく考え方、権力こそが正義だという考え方になってしまうと思うのです。だから絶対に失わないでほしい。

魂まで売ってしまってはいけない

前川　現職のときに私が若い人に言っていたのは、自分の魂は売り渡すな、貸すのは仕方がないけれど、その場合はあとで取り返せということです。自分の意図に反することをやらざるを得ないことはあるので、一時的に貸すことはあるのです。しかし、貸した魂は必ず取り返せと、魂は貸してもいいから売るな。そんなことを言っていました。魂を売ってしまった幹部は、もうどう

しようもないので、彼らが辞めるのを待つしかないと思っていますけれど。

柳澤　官僚が官邸から無理難題を言われたとき、どう対応するかですね。防衛官僚に即して言えば、自衛隊の安全のために、あるいは国民の安全のために、ちゃんと抵抗できるんだろうかというところを、しっかり持っていてもらえればいいんだろうと思います。その魂をなくさなければいいと思うのです。けれども、魂なんか関係ないという若い人もいると感じるところもあって、そこは心配です。

前川　役人という仕事が、官僚という仕事が、もう魅力のない仕事になってきましたからね。大学生の中でも、官僚になりたいという人が減ってきています。国家公務員試験もどんどん人気がなくなっていて、本当に優秀な人が志望しなくなってきている。だから、全体として、劣化していく危険性はあると思います。そこも心配なんです。

学校の先生もそうです。教員養成学部の学生の中にも教師になりたくない人が増えている。きつい、汚い、危険という三K職場と見られていて、教員採用試験の倍率がずっと下がり続けている。二倍未満というところもあるんです。

柳澤　国民のみなさんの多くも、安倍さん的な政権を求めているところがあると思います。自分の道を強制的に決めてくれる人のほうが、考えないで済むので楽だから、主権者としての自分の意思を持とうとしない。要するに、基本的には政治に期待していない。政治に期待していないがゆえに、今日明日、やりたいことをやればいいという発想になる。だったら、余計なことをする政治よりも、はっきりこうだと言ってくれる政治のほうがいいみたいなところがある。自分たちががんばれば政治が変わり、世の中が変わるという期待感はないと思うのです。その結果が、こういう選択になって表れているので、そこは何を言ってもすぐには変わらないとは思うのです。

けれども、このままではいけないと、どこかでそう感じる日は来ると思うのです。私がこれからできるのは、次の世代の国民が、どこかでおかしいと思ったときに、何か一つの気づきになるようなものを残しておくことです。いま説教をしても通じないと思うけれど、そのときのためにそういう発信を私はしていかなければならないと思うのです。私も前川さんもいろんなことに悩んできているんですが、その悩みの中にいろいろな気づきのタネがあると思うんです。

前川　国民にはもう少し賢くなってほしいなとは思いますよ。国民が賢くなるかどうかは、本当は文部科学省の仕事だったのですね。文部科学省がちゃんと教育政策をしてないということでもある。

柳澤　それは偏差値では測れない。

国民が賢くなるために必要なこと

前川　偏差値では国民の民度みたいなものは測れません。賢明な国民は賢明な政府が持てるけれど、愚かな国民は愚かな政府しか持てないと思うのです。だから、一人ひとりがもう少し学ぶというか、賢くなることが大事だと思います。その賢さは学力テストでは測れません。

今度の新型コロナウイルスの問題というのは、国民がより賢くなる一つのきっかけになるかも知れない。新型コロナウイルスによって、少なくともアベノミクスはもう破綻した。無理やり株価をつり上げるようなことや、日銀による株の買い支えなどは、いまでもやっていますけれど、もう限界があります。自粛要請のもとで、実体経済が「動くな、働くな」という縛りの中にあるのだから、経済活動は低下せざるを得ない。それなのに株価だけが高いのは異常です。明らかに人為的な操作の結果だと思います。

その中で、もう一度自分と社会と国の在り方について、これで良かったのだろうかと見直してみたらいいと思うのです。人間というのは疑問を持たないと学ばないですから。学校の勉強も同じで、なんでだろうと思ったところから勉強が始まる。これを覚えろと詰め込まれるのは、本当の学びじゃない。コロナ禍と言われているほどのショックではあるけれど、一つのきっかけになるかも知れないと思います。いままでの虚構で組み立てたものが壊れる、そういうきっかけになるかも知れない。

柳澤　アベノミクスは完全にバブルですね。金をじゃぶじゃぶ出して、自社株を買って、下がりそうになると年金機構と日銀が買い支えている。これが破綻したら、みんなひどい目に合うと思うのです。

戦争と平和という問題について私がこれから発信しようとしているのは、結局、戦争というのは政治が決めるものだということです。でも、戦争を選択する政治を選択するのは国民なのです。国民の支持がなければ、どうがんばったって戦争なんかできない。それを考えると、戦争という手段がいいのかどうかということを、国民がきちんと判断できるようにならなければいけません。

一方で、コロナの話も出ましたが、民主主義の難しさは、安倍さんの好きな国難とか国家の危機とかいう言葉を使うと、政権の支持率が高まるということです。そこに民主主義のパラドクスもあるわけです。みんなが何かに惹かれて、あるいは何かの状況に流されて、群集として同調してしまうプロセスが働いている。それをだれが止めるのか。

気が遠くなる話だけれど、一人ひとりの国民が疑問を持って、それは違うのではないかという意見を言っていくしかないだろうと思います。戦争を止めるためには、それ以外のやり方はないということを、ずっと申し上げているのです。

第三章

自衛隊論と教育論の接点を論じる

高校生を前に何を話すべきかと考えて

柳澤　退職後、とくに安倍政権が集団的自衛権を容認する新安保法制を国会に出したころから、あちこちで講演したり、文章を書いたりする機会が増えました。そういう中で昨年、愛知県のある高校の生徒から直接、学園祭で話をしてくださいという依頼があったのです。テーマは、戦争を起こさないために高校生に何ができますか、それを中心にということでした。

前川　すごいですね。柳澤さんを呼ぼうという高校生は立派なものだなと思う。

柳澤　それまで私は、主として高齢者相手に話をしていたけれども、果たして高校生相手に何を話せばいいのかと、はじめてそこで悩んだのです。結局、自分で伝えたいメッセージを伝えるしかないとは思ったのですが、では自分が言いたいことはそもそも何なのか、どう伝えるかが悩ましかった。それまでは自分と同じ高齢者が相手だったから、自分の考えをそのまま伝えても違和感がなく、そこで「若い人にどう伝えたらいいでしょうか」と質問されることがあっても、「それが分かれば苦労しません」と答えて済ませていた。でも、自分が直接に若い人に伝えることを求められて、真剣に悩むことになったのです。

自分の経験からしても、面白くない話は誰も聞いてくれません。そして、年寄りの話は何が面白くないかというと、それが自慢話か説教だからなのです。そうでないかたちで何を話すかということを考えたときに、自分が悩んできたことを率直に伝えることが大事ではないかと思ったのです。

私は、自衛隊がイラク戦争後に現地に派遣されたとき、それを官邸で統括する立場にありました。その自衛隊を見ながら、いろいろ悩んできた。それが退職後、いろいろものを考える原点にもなっています。

世代的なことで感じるのは、私も戦後すぐの生まれだし、戦争を体験してはいません。しかし、すぐ上に戦争を体験した世代がいて、役人として仕えた政治家からは、そういう体験をされた人ならではのものの考え方を感じ取ってきました。けれども、そういう政治家がどんどんいなくなり、世代そのものがいなくなっていく中で、我々の子どもの世代、孫の世代は誰からそれを教わればいいんだろうかと考えると、教わる相手がいないんです。それならば、高校生がどうやって戦争を感じ取っていくか、そのヒントを私も出していくしかないではないかと思ったのです。

その一つのあり方として自分の体験を語ることがあるかもしれない。私は戦争を経験していないし、もちろん戦場に行ったことはないいし、銃を撃ったこともない。けれども、毎日官邸にいて、イラクに派遣された全隊員が無事でいられるだろうかということを心配しながら、ずっと過ごしていた。結果的に一人も死なずに帰ってきたのは良かったけれど、どうしてそうなったのかを考えてみると、むしろこちらが一発も撃たなかったことに非常に大きな意味があったと思うのです。一発撃てば何十発も返ってくる世界にいたわけですから、撃たないという自制をきちんとしていたということ、そういう問題意識を官邸も含めて現場の部隊にいたるまで共有していたところが非常に大きいと感じることがありました。

自衛隊員が死んだら自分はどうしていたのだろうか

柳澤　そうは言っても相手のあることですから、自衛隊の宿営地に砲弾は飛んできたし、当たり所が悪ければ、誰か確実に死んでいたはずです。ラッキーなところもあったのです。そこで考えたのは、では果たして一人死んだら、自分はどうしていたのだろうか、自分はどう受け止めたのだろうかということです。いまだにその答えが出ない。その子のお母さんになんて言ったらいいのかと考えると、何も言えないと思ってしまうのです。

お国のために立派に犠牲になっておめでとうございますとも言えない。なぜなら、そもそも何を我々は期待していたのかを考えると、その子の命を賭けてまでやらせなければならないという実感が、こちらになかったからです。我々が期待していたことは、単純に言えば、アメリカとの同盟を維持するために、アメリカとのお付き合いとして自衛隊もイラクで汗をかかなくてはいけないという程度のことでした。そういう感覚であるがゆえに、そんなところで死なせるわけにはいかないと思っていた。しかし、結果的にそうならなくて良かったけれども、もしかしたら死んでいたかもしれない。結局、あの時期に自分が悩んできたことをあとから振り返ってみると、そういうことだったのではないかと思うのです。

そういう意味で、私は戦場に身を置いていないけれども、そのような角度で戦場のリアリティを体験したのです。自分は戦争経験者ではないが、自衛隊を派遣する意思決定に関わったものとしてそこに向き合わなければならないし、それが戦争という現実を自分なりに内面化する点で自分の原点になっていると思うのです。

高校生を前にして、そういう視点でお話をしたのです。戦争を起こさないために高校生に何ができるのかという問いかけに答えるかたちで言うならば、高校生は勉強してくださいということです。では、その勉強とは何かといえば、受験勉強とか、教科書の中身を覚えるという意味での勉強ではなくて、高校生はまだ自分の経験が極めて乏しいわけですから、他人の経験から学んでいくしかない。誰もが同じ体験をするわけでないし、私のような体験を誰かにしてほしいわけでもない。でも、戦後七〇年以上にわたって戦争していない日本で戦争を考えるためには、他人の戦争の経験から学んでいくしかない。私は、第二次大戦の経験者のようなことは語れないけれど、現在の日本人が考えなければならないような体験はしていて、そこを高校生には感じ取ってほしい。高校生、とくに若い人たちが自分以外の人の経験を自分のものにするのに大事なのは、記憶するということではなくて、感じることだと思うんです。他人の痛みを感じるとか、自分がそうだったらどうするだろうという想像力を働かせるとか、それが実は学ぶということではないでしょうか。学生の一番大事な仕事はそこを学んでいくということなんではないでしょうか。そういう話をしたんです。

大人も役所も自分を無謬に見せようとする

前川　それは、高校生にとって、ものすごくいい勉強になったと思いますよ。柳澤さんが立派だと思うのは、自分をさらけ出していることです。安全保障政策の中枢にいて、イラクへの自衛隊派遣についても段取りをつけてやっておられた。でもその中枢にいながらも、日々悩み、心配をかかえつつ暮らしていて、一人でも死んだらどうしようということを考えていたんだというようなことは、普通は言えないです。

大人は子どもに対して弱みを見せようとはしません。学校の先生も、自分は間違ったことは絶対に言わない、言うことが変わったとしても、それは、以前はそれだけの理由があったから言ったんだということで、自分は無謬だ、絶対的に正しいというフリをする傾向が強いのです。けれども、高校生にでもなれば、先生だっていろいろ間違えることは分かるわけですし、むしろ生身の人間をそのまま見せるほうがいい教師だと思います。そういう意味で、ものすごくいい先生をしてくださったんだと思います。

柳澤 彼らはこれからいろんなことを経験しながら悩むに決まっているのです。彼らが悩んだときに、そういえば、あのじいさんもこうやって悩んだと言っていたなと、そのときに自分のものになっていけばいいのかなと。

前川 いま思い出したましたが、むかし野坂昭如が「みんな悩んで大きくなった」と、そんなことを言っていましたね。悩むということは、ものすごく大事なことです。

悩んだり疑問を持ったりすることが、本当の学びにつながっていくのです。受験勉強というのは、何も考えずに疑問も持たずに勉強することが多くて、これは本当の勉強ではありません。知識を詰め込むことはできるけれど、知識というのは考えるための道具ですから、考えるためには、悩んだり疑ったりということが必要になってくるわけです。

柳澤　学校の先生は無謬だと言われたけれども、官僚の仕事もそうなんです。組織は無謬であり、政府は無謬でなければならない前提で、なんだかんだと理屈をつけている。理屈は何とでもつくだろうけれども、一人の人間としてそれをどう受け止めるのか、それでいいと思えるのかということです。

前川　役所というのは、いつも理屈をこねくり回しています。組織ですから、方針転換することはあります。おのずからする場合もあるし、強い力でさせられることもある。最近は、政治の力で無理矢理曲げられることも多い。それを説明する常套手段は「事情変更」なんです。無謬性を説明するために、以前はこういう環境だったから正しかったけれども、いまは違う環境だからこれが正しいんだと合理化する。常に我々は正しい、常に国は正しい、という説明に終始することが多いです。本当はみんな悩んでいて、おかしいだろうと思っている人がたくさんいるのだけれども。

柳澤　みんながそう思って進んでいるときに、それは正しくないとは言いづらいでしょう。

前川　言いづらいです。

事情変更は政策をあらためる機会になり得る

柳澤 仕事の邪魔をするなという話になってしまいますからね。私も現職のころは、とにかくイラクに派遣した自衛隊員がみんな無事に帰ってくればいいと祈りつつ、いまはこの仕事をこなそうという程度の発想だったのですけれども。しかし、これから先も同じようなことは起こり得るので、そこに止まっていてはいけないのです。

そうそう、事情変更といえば、ちょうど今日、沖縄タイムスからコメントを求められたことですが、普天間基地の移設先として辺野古の埋め立てが進められていますが、北側の大浦湾に軟弱地盤があるから大幅に設計変更をしなければいけないという申請書が、コロナで大騒ぎしているときに、県庁ではなくこっそり名護にある県の事務所に届けられた、けしからんという取材でした。けれども、普天間基地の県内移設が必要だという政策が間違っていたという言い方は、政府は受け入れようがないのです。しかし、むしろ軟弱地盤で工事が困難だというのは客観的な事実で、政策転換が必要な事情変更にあたるのですね。誰も傷つかずに、誰のせいでもなくて方針を変えられるいいチャンスだと思うのです。

前川 そうですね。

柳澤　私は玉城デニー沖縄県知事が設置した「米軍基地問題に関する万国津梁会議」で委員長を務め、つい最近、この問題で提言を出したのです。そこでは、この軟弱地盤のことを真っ先に強調して、辺野古に固執するのではなく、振りだしにかえり、普天間基地の危険性をどう除去するかを考えようと呼びかけているのです。軟弱地盤の問題、あるいは現在のコロナもそうかもしれないが、政策を変更する大きな契機になると考えているのです。

前川　本当に事情変更ですものね。軟弱地盤の層が、七〇メートルと言っているけれども、本当は九〇メートルあるかもしれないと言われています。技術的に無理ではないかと言われているわけだから、そこを検証した結果、やっぱり危険すぎるということであれば、引き返すことが十分合理的な政策変更だと思います。

柳澤　これで止まらなければ、もう止まる理由がない。

前川　インパール作戦みたいになってしまう。

柳澤　インパール作戦です。本当にね。

前川　無謀に突き進んで、本当に死屍累々みたいなことになる。お金をどんどんつぎ込んでも、地盤がどんどん沈んで行くみたいに。

柳澤　結果的に何の役にも立たないものしかできない可能性があるわけですし。

前川 そんな気がします。昔、三大バカ査定と言った人がいます。戦艦大和と、伊勢湾干拓、青函トンネルでしたが、それを上回る四番目になると思いますよ。いくらかかるか分からないし、時間的にもどれくらいかかるか分からない。それをやって、どんどん突き進んで、後戻りできなくなっていく状況が目に見えるようじゃないですか。引き返すんだったら、いましかないですよね。

柳澤 そうなんです。もともと政治マターの話なので、そういう決断をするとしたら、いましかない。

前川 そっちに使わずに感染症対策に使いましょうと言えば、国民も納得するという気がしますけれど。

柳澤 本当にコロナ対策に使ってもらうほうが、圧倒的に大事だと思います。

世代間のギャップをどう埋めるか

前川 話を戻すと、私の場合も講演会で呼んでくださるのは、圧倒的に高齢者が多いんです。とくに私と同年代か年上の女性が多いです。安倍政権支持層というのは若い男性が多いので、その真逆ですね。そして、柳澤さんと同じですが、私も若い人とどう接すればいいでしょうかと聞かれます。まずは自分のお子さん、お孫さんと話してくださいと答えるのですが、とにかく息子と話が合わない、考え方が違うんですと言って、家族の中での世代間のギャップがあったりする。たしかにそれは心配です。

高校生や中学生の前で話をすることもたまにあります。一度、名古屋で中学校の校長先生に呼んでもらったとき、私が文部官僚としてどんな仕事をしてきたのかとか、若いころにどんなことに悩んだかとか、そんな話をして、できるだけ私もさらけ出すような話をしたんです。そこの校長さんが非常に面白い人で、校長さんと私の掛け合いみたいな感じでやりました。別に加計学園の問題を話したわけでもない。

ところが、その記事が中日新聞に出たのですが、そこを地元にしている自民党のある衆議院議員がそれを見てけしからんと言い始めて、文部科学省にねじ込んで、何を話したのか調べろと要求して、その結果、文部科学省から名古屋市教育委員会を通じ、学校に対して詳細な質問状が送られてきました。これは文部科学省の越権行為です。個々の学校の個々の教育内容に口を出すなど国家権力がやってはいけないことなのに、それをやったのです。ほかにも中学校で呼んでくださったところはありますが、文句を言う政治家がいなかったので、文科省からも何も言ってきませんでしたが。

自分で考えることの大切さを伝える

前川 高校生の前ということでは、母校である東京の麻布中学、麻布高学でお話をしました。そこの吉原毅理事長を介して、保護者会（ＰＴＡ）から呼ばれたのですが、理事長は私が麻布高校のときの同級生で、城南信用金庫の元理事長でして、いまは小泉純一郎さんなどと一緒に反原発の運動をしています。彼と私は部活もラグビー部で一緒でして、ポジションもフォワードの二列目の四番と五番と隣り合っていて、ロックと言うのだけれども、お互いのジャージをつかみながらスクラムの中で押すというポジションで、ラグビーの中でもトライするチャンスが一番少ない一番の縁の下の力持ち的なポジションでした。

保護者会の方が言うには、自分たちも聞きたいけれども、子どもたちに聞かせたい、メインは中高生ですというのです。だから私も、中学生や高校生の前にして何を話そうかなと、かなり考えました。そこでは結局、自分の中高生のときの話をメインにしたのです。どんなことを悩んでいたかということです。私は柳澤さんよりも世代が一つくらい下ですけれども、私が中学生のころには、ちょうど大学で紛争が巻き起こっていました。一九六八年といえば、私は中学校二年生だったのですが、世界中の若者が権力、権威に対して異議申し立てしていた時代でした。七〇年安保の年が高校一年生です。

私が高校生になる前のことですが、麻布の高校生も結構ませていますから、ベトナム反戦運動をしているのもかなりいて、それがきっかけになって学園紛争が起きました。ベトナム反戦のためのデモを学校の中で催したいと言ったら、校長がダメだと言ったので、それで紛争が起きたのです。大学紛争がそのままコピーしたようなかたちで降りてきて、それからずっと紛争が続きました。ヘルメットをかぶって角棒をもった高校生が暴れ回ったり、校長室を占拠したりもしたのです。

私はそのころはまだ中学二年生ですから、お兄さんたちが騒いでいるなという感じだった。そこに理事会が強権的な校長代行を送り込み、この校長代行がものすごい弾圧政策をとったので、もともとノンポリだった生徒たちもみんな反校長、反権力になっていく過程があります。私もどちらかというとノンポリだったのですが、あの校長代行ではたまらないという気持になりました。学校のお金を横領したということがあとで分かったぐらいの人ですから、本当に悪い人だったのだけれど、そういう校長代行のもとでも、学園内を落ち着かせるためには、力で押さえつけるしかないんだと思っていた先生たちも半分ぐらいいたんです。でも残り半分ぐらいは、こんな校長代行のやり方ではだめだと考えていた人たちがいた。先生たちが分かれている。つまり、学校の中に一つの秩序がないし、一つの権威がない状態。

柳澤　聞いた記憶があります。

前川　学校の中が無秩序状態というか、何が正しいのか分からない状態、正義が見失われている状態でした。そういう中で中高生時代を過ごしたのです。だから私の場合は、何が正しいかというのは、自分で考えるしかないのだという結論にいたったわけです。多くの同級生たちもそう思っていたでしょう。

ホームルームで議論をしますと、いろんな要求が生徒の中から出てきます。例えば、制服は廃止しようとか。いま麻布高校には制服がなくなっているんですが、当時は制服があり、私は真面目な生徒だったから、制服のホックをちゃんと必ず止めて、制帽もかぶってと、秩序を守るほうの生徒だったのです。だから、自分は制服を着ていたんだけれども、考えてみたら、制服は別になくてもいいという主張も理解できる。人間は自由なんだから、制服なんかで縛られる必要はないと主張する連中はいるし、一方で、私立学校は公立と違う、私立学校としてのポリシーがあっていいんだ、麻布高校には制服を着る生徒しか入れないというポリシーがあっていいんだ、イヤなら出ていけばいいんだというやつもいる。どちらも正論だったりするわけで、毎日そういう議論の中で暮らしていたような気がします。先生同士も議論しているんですから。

親が子どもを信じること

柳澤　いまの高校生は、そういう世代の人たちの子どもより、さらに下の世代になりますね。体験談としても聞くことがあまりないことでしょう。

前川　そういうふうに、仕事の話はあまりせずに、自分がどう悩んでいたかという話をしたのですけれど、彼らに伝えたかったのは、安易に大人を信じるなということです。後ろのほうに座っていた保護者さんたちに対して伝えたかったのは、とにかくまず子どもを信じてくださいということです。最近、いろいろなところで、そういうお話をします。

結局何が言いたいのかというと、子どもが自分で考えることが大事なのだから、その力を大人は信じてくださいということなのです。子どもには、君たち自身は、何か言われても鵜呑みにするのではなくて、まず自分で考えなさいということを言いたいんです。ゆとり教育の話が出ましたが、その本質は、言われたことをただ覚える、知識をガンガン詰め込むのではなくて、自分で考える人間をつくることにつきるのです。例えば、かつて小学校では四七都道府県の名前と県庁所在地の名前を丸覚えさせたわけですけれども、ゆとり教育の時代はそれをやめたのです。そんなこと、必要があれば調べればすぐ分かることで、小学校で全部覚えておく必要はない。たとえば鳥取県がどこにあるのか、そこの県庁所在地が米子市だということを覚えてなんになるかということです。

柳澤 鳥取県の県庁所在地は米子市ではなく鳥取市ですけれど（笑）。

前川 僕が間違えていたらしょうがないですね（笑）。例えば、埼玉県の県庁所在地は、昔は浦和市だったですけれど、いまはひらがなのさいたま市です。人間が決めたことは人間がまた決め直せば変わっていくわけで、そんなものをいちいち覚えなくてもいいというのが、ゆとり教育なのです。そんなことよりも、いろんな体験をする、柳澤さんは先ほど「感じる」という言葉を使いましたが、自分でいろいろ感じて体験して、自分が直接感じたものをもとにして学んでいく、これこそ大事だと思います。そこに何らかの疑問、疑念が生じるわけですが、そういうものがあって、本当の学びに向かうのです。

柳澤 親だって失敗したし、悩んだし、正解なんかなかなかあるものじゃない。だから君たちだって迷って悩んでいいんだよということですよね。

前川　そうです、そうです。

柳澤　親が子どもたちを信じろということは、やがて自分で悩みながら一つの答えに到達するし、それが違っていれば、また自分で修正していくという力を信じようということでしょう。それを信じないで上から親の世代が結論を押しつけるというのでは、そんなものに従うわけはないし、本人のためにもならないと思うのです。

前川　いまの我々の社会は、自分で考える人間をベースにしてできているはずなのです。国民主権と言うけれども、自分で考える人でなければ主権者になりえない。旧憲法の時代は、天皇が主権者であって、国民はみんな臣民で、天皇に支配されて、天皇に従属する存在で、まさに軍人勅諭で、上官の命令は朕の命令だということでした。

柳澤　考えるよりも信じることが大事だと。

前川　軍隊であれば軍人勅諭があり、教育であれば教育勅語があって、道徳は上から与えられるものでした。軍人勅諭も神武天皇のことから書き始めていますけれども、教育勅語も「我が皇祖皇宗」という言葉を冒頭に置き、つまり日本という国は神様からはじまったんだという架空の観念があって、そのもとでお前らはこう宿命づけられているのだと教え込むわけです。「一旦緩急アレハ義勇公ニ奉シ以テ天壌無窮ノ皇運ヲ扶翼スヘシ」と言って、それを紀元節だとか、天長節だとか、明治節だとか、ことあるごとにたたき込んでいく。そういう教育だったわけです。

柳澤 そのときに、ゆとりということで言うと、自発性を伸ばしていこうということなんだけれども、そのために教育として何をするかというのは、すごく難しい。やり方によっては逆効果になるし、何もしないのでは仕事をしたことにならないし。

生活綴り方から知識を教え込む教育へ

前川 それはずっと教育関係者が悩んできたことです。実は変遷があるのです。

子どもたちの自発性や主体性を大事にしようという教育は戦前にもありました。もともと、福沢諭吉なども、「一身独立して一国独立す」と言って、一人ひとりが自分で考える人間になっていかなければ、近代化はできないという前提で学問をすすめていたと思うんです。けれど一方で明治中期に、森有礼《ありのり》のような官僚が戦前の学校制度を整えたんですが、その考え方はとにかく国家のために役に立つ人間を育てる、それが教育の目的だということにした。

しかしその戦前教育の中でも、大正時代には大正新教育あるいは大正自由教育と言われるのですが、子どもの個性や主体性を大切にする教育が実践される、そういう時期があったのです。政治思想では大正デモクラシーの時代ですね。そのころにできた私立学校は、成城とか和光とか玉川とかいまでもたくさん残っています。成城小学校は、沢柳政太郎という文部官僚がつくったのですから、当時は文部官僚も自由主義的な考え方を持っていたのです。ところが、昭和一〇年ぐらいになると、それが完全に軍国主義的なものに変わってしまう。だけど、敗戦後にもう一度、日本の民主的な伝統がよみがえった。そのときに大正新教育的なものもよみがえったのです。

大正新教育から戦後新教育に引き継がれたものの一つは、生活綴り方という教育実践です。自分たちの生活経験の中から学習課題を生み出していくという考え方です。生活綴り方事件と呼ばれる事件が戦前にあったのですが、これは生活綴り方を指導していた先生が治安維持法違反でしょっぴかれた事件です。生活綴り方をしていると、当時の苦しい暮らしを直視するということになるのですが、それは良くないのだ、苦しくても仕方がない、天皇陛下のためなんだと思えと、そんな考え方が生みだした事件でした。

戦後、生活綴り方はよみがえったのですが、次第に生活の実態の中で学んでいこうという考え方が批判されることになります。ただ経験しているだけで、何も学んでないではないか、ちゃんと教科書で順番に知識を与えていくことが大事なんだと批判される。これを生活綴り方などの経験主義教育に対比して系統主義教育と言いますけれども、この二つの考え方が対立する中で、経験主義的な考え方がだんだん薄れていきました。占領を脱して日本が独立したころから、いわゆる政治の世界での逆コースと呼ばれるものがありましたけれども、教育の世界でも逆コースが起こって、知識を教え込む教育に戻っていくのです。

その教え込む教育は、高度成長の担い手をつくるのには役に立った。均一的に、組織の中で言われたことをちゃんと間違いなくこなす人間をたくさんつくるということによって、日本は大量生産で成功して、世界第二位の経済大国までいったんですけれども。

柳澤 結局そこで、ワーカーホリックになるのですね。その結果、テレワークになじめないような人たちが、いま生きがいを見失うようなことになる。

前川 企業戦士と言われたりね。

中曽根内閣の臨時教育審議会が打ち出したこと

柳澤 自分の軸として何を持つかというところをどうつくり上げるのかは、すごく大変なことだと思います。教育で知識は与えられるけれど、自分のぶち当たった問題から糸口をつかまないと、なかなか自分のものにならない。

前川　ゆとり教育というのは、高度経済成長を支えた詰め込み教育の反省で出てきたのです。その境目が、高度成長に陰りが見えてきた七〇年代です。私が文部省に入ったのは一九七九年ですけれども、そのときの総理は大平正芳さんでした。大平総理は、田園都市構想を打ち出したりして、これからは一本調子の右肩上がりの時代ではなく、もっと成熟した社会になっていくんだという方向性を持っておられたと思います。私も、その通りだと思いまして、文部科学省のやるべき仕事も、そういう成熟した社会にどうもっていくか、教育でも文化でも、そういう仕事が必要なんだろうと思っていたわけです。

そのころから「ゆとり」という言葉は出ていました。競争という言葉は、むしろ否定される言葉だったんです。過度な受験競争を是正するというのが、当時の一つのテーマだったし、もっと子どもたちにゆとりを持たせましょうと言われていた。だから、「ゆとり」という言葉は、少なくとも私が文部省に入ったときにはいい言葉だったのです。

ゆとり教育に弾みをつけたのは、中曽根内閣の一九八四年に設置された臨時教育審議会です。中曽根さん自身は、自主憲法制定に向かって教育基本法を改正したいというお気持ちがあって臨教審を設置したのです。けれども、これは中曽根さんの偉いところなんだけれども、自分と考え方の反対の人も入れたんですよ。いまの安倍政権のもとにある教育再生実行会議というのは、安倍さんと下村さんのお友達だけでつくったものですが、中曽根さんの臨時教育審議会は、国民的議論をするんだということで、いろんな立場の人が入っていた。かなり共産党に近いような学者さんもいました。そういう幅広さがあったので、必ずしも中曽根さんが思っていたような方向には行きませんでした。中曽根さんが一番やりたかったのは、教育基本法の改正だったんだけれども、そこへ向かった議論には結局ならなかったのです。

その代わりに、目指すべき教育はどういうものかを真剣に議論した。そしてその結果として、三つの原則を立てました。

第一が「個性重視の原則」です。一人ひとりの個性を重視する。個性重視の原則もさらにいくつか内容が分かれるんですが、いちばん根本にあるのは個人の尊厳だと明確にしました。日本国憲法の原理そのものです。一人ひとりがかけがいのない大事な存在であるという個人の尊厳、そしてそこから一人ひとりが違う個性を持っているというので個性の尊重を重視し、そのあとに自由・自律ということを言ったのです。一人ひとり人間は自由である、それと同時に、自分で自分を律する自律も大事だと。自由・自律に加えて自己責任。自分でやったことは自分で責任を持てという、そういう個人の尊厳、個性の尊重、自由・自律、自己責任。これを総称して個性重視の原則と言っている。

二番目に打ち出したのが、「生涯学習体系への移行」です。学ぶということは学校の中だけで終わるものではない。学校の外にも学ぶ機会がたくさんあってしかるべきだし、学校を卒業したあとも、人間は学んでいくことが大事なんだということです。学び続ける社会を目指しましょうという話です。

三番目が「変化への対応」です。変化への対応といってもいろんな変化があるんだけれども、その中でも特に重視されたのが、国際化と情報化、さらに成熟化とか、少子高齢化への対応です。こういう変化が起きていくということが、すでに八〇年代には見通されていたわけです。いまだったら、気候変動だとか、パンデミックも入ってくるかもしれませんが、そうやって世界が変わっていく中で、変化に対応していくためには主体的に乗り越えていく力が必要だという原則がたてられた。

中曽根さんは、この臨時教育審議会を失敗だったと総括しています。しかし私は、臨時教育審議会があったのはよかったなと思っています。文部省に入って間もない頃で、まだ係長とか課長補佐ぐらいのころでした。文部省に入ったときには、なんて沈滞した組織だと感じて、文部省がイヤでイヤでしょうがなかったんですけど、臨時教育審議会の答申がでてからは、この臨教審の考え方で仕事をしていけばいいなと思って、やる気が出たんです。

何らかの共通の道徳律が必要ではないか

柳澤 たしかに文部省って建物も古かったし、陰気な雰囲気がありましたね。

前川 カビ臭かった、文字通り。

柳澤 その三原則は、まさにいまに持ってきたい話ですね。太平さんというのは結構リベラルで、ちょうど高度成長から成熟社会に向かう中で、安全保障の面でも、軍事だけではなくて、経済や文化も含めてトータルなものが必要だという発想を持っていた人でした。ところがその後、高度成長が終わって日本経済が停滞に向かってくる中で、今度は対米関係もあって、構造改革のようなかたちで競争万能の原理を受け入れた上で、どう競争に勝っていくかという発想にまた変わってしまった。新自由主義的な、競争万能の原理が支配する時代になっていった。

その中で、私たちの世代は、高度成長の流れに従って、まわりがやっているようにやって真面目に努力すれば成功できるという体験を持っていたけれども、いまの若い人たちは、日本経済の失われた二〇年を経て、がんばれば報われるという成功体験を持たない世代になってきている。そういう人に、どういう秩序観を与えるか——与えるという言葉は適切ではありませんが——を考えなければならない。
そのときに、復古的な教育勅語の中でも、お母さんお父さんを大事にしましょうという、いわば「いいこと」を言っているようなところが引き合いにだされる。しかし、お父さんお母さんを大事にしようと言うけれど、逆に児童虐待というのは、お母さんお父さんこそ子どもを大事にしなければならない話です。一定の道徳律をお題目のように教え込もうとしても、家族関係が崩壊しているというか、溶け出しているような現状があるわけです。だからこそ私は、自律的な道徳というのはすごく大事だと思うのです。
現在の新型コロナの話を見ていても、自分の身を守るのか、人類を守るのかと考える場合に、ときに矛盾する究極の選択が突き付けられている。私のような年寄りは、自分が病気になったら、さっさと死んだ方が種の保存のためにはいいかもしれないけれど……

前川　それは言い過ぎです。

柳澤　マスクを着けることも、自分の身を守るということよりも、どちらかというと種の保存のためにやっているわけです。家族が機能しているかいないかという状況で、個人の防衛のためならば何をやってもいいのではなくて、共通の道徳のようなものが問われていると思います。そういうときに、「みなさんの命を守る」みたいな言い方されると、かなりズレているように感じます。

これもイラク戦争を見てきた体験と結びつくことなのです。結局、戦争というのは誰かが死ぬということであり、誰かを殺すということでもあります。それが一つのリアリティだけれども、戦争するかしないかという重大な問題を政策決定者が判断をするときに、自分は殺されない立場においたままで、するとかしないとかを考えるのは、かなり無責任な話だと思うのです。少なくとも、隊員が一人亡くなったらお母さんになんて言おうかと、自分の目線で考える。自分のこととして考えたときに、それでもなおかつ戦うべきなのか、というところまで考えなければいけないと思います。

それは政策決定者の話ですが、一人の国民として、戦争という政策を支持するかしないのかということを考えるときでも、自分が絶対に行かないという立場で考えてほしくない。自分だったらそんな戦場には行きたくないというのは、戦時に高揚する世論の中では臆病かもしれないけれども、私の年代になると、失われるかもしれない若い命に対して臆病であっていいのではないかと考えるわけです。

「己の欲せざるところを人に施す事なかれ」

柳澤　結局、いろいろな分野に共通している道徳律って何なんだろうかと考えたときに、うちの孫が保育園のときによく言われたことを思い出します。それは、あなたがそんなことをされたらイヤでしょ、あなたがイヤなことをお友達にやったらだめでしょというものです。これは論語に出てくる、「己の欲せざるところを人に施す事なかれ」ということと同じで、国家を超えて共通する一番の道徳律のような気がします。

実は、中国の研究者とこの話をしたときに彼らはピンと来ていなかった。そこに中国の問題があると思うのですけれど、それはともかく、これは、「何かをせよ」ではなく「してはいけない」という道徳律です。これが、人格教育でも、戦争というものと向き合うときでも、非常に大きな共通項として考えていいのではないかと思うのです。

前川　それを唯一のルールにしている学校があります。大阪市立大空小学校です。

もともと大規模校があり、子どもたちが多くなったため分離独立した学校で、できてからまだ十数年しか経っていません。最初の九年間、木村泰子さんという名物校長がいて、新しい学校ができるときに、はじめから一年生から六年生までいるわけです。そこで、学校の名前も子どもたちに決めさせたのです。みんなで話し合って、大空小学校がいいというので、子どもたちが決めたのです。

校則についても、いまはどこでも子どもたちを縛るルールが増えているのですが、この学校にあるのはたった一つの約束です。自分がされてイヤなことは人にしない、言わない——これだけなんです。これだけ守れば、それ以外は自由なのです。それこそ論語の「己の欲せざるところを人に施す事なかれ」と全く同じです。大人の社会でも、それさえ守っていれば、たいがいは大丈夫ということですよね。

柳澤 それを守れば、いじめもないだろうし、DV(ドメスティックバイオレンス)もあるはずがないのですが。

前川 たしかに、厳密に言えば、人というのは少しずつ違うから、このルールを通用させるには少し想像力は必要だと思いますが、道徳の根本は、柳澤さんがおっしゃるとおり、自分と相手とは同じ人間だというところだと思います。つながっている人間なので、自分がイヤなことは他人もイヤなはずなんだということが分かる。これが一番大事なところだと思います。先ほど話題になった教育勅語には、「父母ニ孝ニ兄弟ニ友ニ」といって、お父さんお母さんを大事にしなさいと、あるいは兄弟仲良くしなさいとある。そこだけ見ると普遍的な道徳に見えますけれども、おっしゃったように虐待する親もいるわけですから。

柳澤　そこは、道徳というよりも、家族として生活する人類にとっての、なんていうか自然の感情なんだと思うんですね。

前川　自然な感情ですよ、道徳というよりも。親が子どもを慈しむのは自然なはずだけれども、自然に反するようなことが起きている。なぜそんなことが起きるのかといったら、親のほうにもいろんな問題があって、さらに社会の問題がいろいろ重なってきている。コロナ問題でもドメスティックバイオレンスとか虐待が増えている実態がありますけれども、親も追い詰められてイライラしているわけです。

柳澤　本来なら、親は子どもを慈しむはずなのです。人類だけではなく恐竜の時代からそうやっているわけですから。他の生き物もね。それをさせないようにしている何か原因がほかにあるはずなので、それは何かということで、問題を見ていく必要があります。そして、社会に問題があるなら、どう社会的にサポートするかを考えるということでしょう。それを抜きに、ステイホームなんて言われると、ちょっと上から目線だなという感じになってしまいますけど。

マニュアルで教えられること、教えられないこと

前川 付け加えると、いまの政権に近い人たちがやっていることに、親学《おやがく》というものがあります。親たるもの、ちゃんと親学を学べば、親らしくなるという考え方です。しかし、もともと親になれば子どもを愛するのは自然なことだけれども、それを阻んでしまっているものが何かあるわけです。それを抜きにして子どもを愛しなさいと命令されるようなものではないのです。しかし、その親学が結構流行っている。

柳澤 親学ですか。子育てをいろいろ手ほどきする勉強ではなくて。

前川 もともと自然な愛情はあるわけだから、それを間違った方法でやるのではなくて、正しくやるにはどうしたらいいかという、小児医学とか児童心理学とかに基づいて学ぶ、そういう意味での親に対する教育はあってもいいと思うんです。けれども、親学というのはかなり噴飯ものです。

柳澤 本来、そんなものはマニュアルで教える話ではないという問題ですよね。さっき、自分のイヤなことはしてはいけないよという話題のところで、同じ人間だからという目線の大事さが出てきました。同時にしかし、ではどこまでが同じ人間の範囲なのかという問題もあるのです。人種の違いとか、宗教の違いとか、言葉の違いとか、自分と同じかどうかという認定はすごく難しい。

　また戦場の話になりますが、ベトナム戦争のときに、ベトコンの少年兵を至近距離で撃ったアメリカの兵隊が、少年が死亡したかどうかを確認にいったところ、彼の胸のポケットから家族の写真が出てきた。そこで、はたと、こいつも同じ人間なんだということに気がついて、ものすごいショックを受けたという話を本で読みました。

　同じ人間だという規範から外れたことをやると、あとで気がついたとき、ものすごい後悔、トラウマが返ってくるのです。だからそういう問題意識からも、戦争を他人事と考えないということが、すごく大事なポイントだと思うのです。それを突き詰めて考えると、たぶん戦争なんかできなくなる。けれども、現実に戦争は起こる。だから、現実に戦場にいった人たちは、そういうトラウマを持って人格障害を負ってしまう。

前川　まともな人であればあるほどそうなるでしょうね。いま、柳澤さんもそうでしょうけれども、新型コロナのせいでというかお陰でというか、頼まれていた講演が全部キャンセルになり、とたんに毎日が日曜日状態になって、昔録画した映画を引っ張り出して観ています。時間をかけて観るには何がいいかと考えたら、「人間の条件」がありました。一部から六部まであって、それぞれ一時間半から二時間ぐらいある。仲代達矢が主演ですけれども、全部撮るのに四年ぐらいかかっていますから、その間に彼も歳を四つとるのです。仲代達矢自身が成長していくのが見えるぐらいの感じの映画でした。

この中では、昔の陸軍の非人間的な暴力的な体質がこれでもかというぐらいに出てくる。日本軍だけではなくてソ連軍の中にも、たくさんそういう非人間的なものがあったのです。最後は捕虜になり、そこから脱走するのですが、そこで死ぬところで終わります。観ていて苦しい映画です。

仲代が演じた梶という主人公の兵隊は、軍隊の中で人間であることを貫こうとするのです。戦前の日本の軍隊で、あんなふうにヒューマニズムを貫くなんて、できるはずがないと思うんですけれども、映画の主人公は貫こうとする。そうすると、必ずひどい目にも遭うわけで、結局最後は、自分が生きるために人殺しもせざるをえないし、盗みもせざるをえないというところに追い込まれていく。「人間の条件」というタイトルだけれども、人間の条件としての最低のところでも、やはり自分自身で放棄してしまうところがあるのですね。

柳澤　戦争というのはそういうものです。とくに、自分が納得して戦争する場合でなく、大量の兵隊を集めて戦争する場合、兵隊を統率するために求められるのは、恐怖と不利益です。だから、非人間的なひどい状態にならざるをえない。とくに外地に行って戦争する場合、祖国を守るという大義で兵隊を納得させることもできないので、そうなっていくのです。アメリカは近年、外地で戦争するときに、大学に行かせるなど利益のインセンティブを重視したのですが、それはお金持ちの国だからできたという要素があったのです。

自衛隊は、そういうものとは違って完全に志願制で、しかも、いまは少し変わってきているけれども、国民から悪口を言われながらずっと六〇年の歴史を刻んできました。私が広報課長のころ、三佐クラス——昔の少佐ですが——の部下が一〇人ぐらいいまして、話を聞く機会が多かったのです。その中で印象に残ったのは、自分たちが目立つときは、実は国民が悲惨な不幸な状態になっている場合だから、自分たちは泥まみれになって訓練しているけれども、そういうふうに使われないために訓練している、自分たちはそれでいいんだということでした。その発想というのは、憲法九条のもとに存在する自衛隊と国民との関係を考えるときに、とても大事な視点だと思っているのです。

広報課長のときにはじめて『学問のすすめ』を読んだのですが、非常に感動したところがあります。一〇〇万人の愚かな民を一〇〇〇人の賢い人が治めるのは容易かもしれないが、その一〇〇万の人たちは、ことあるときにそれはおれの問題とは思わないので、国を守ろうとは考えないだろう。だから、国の独立のためには学問によって一人ひとりが独立しなければならない、と言っているところです。自覚的な国民の支持があって、自覚的に志願した自衛隊がいて、国民の意思と自衛隊の行動が合致したときに、本当に自衛隊が命を捨てることができるんだろうと思います。私の自衛隊観はそこからきているのです。

同時に、自分がイヤなことを自衛隊にさせてはいけません。それも、主権者としての国民が戦争を考えるときの、一つの原理的な視点だと思うのです。戦争という手段は一概に否定されるものではないと思いますが、その結果がどういうことになるのかを考え、それでもなおかつ自分が死んでもいいぐらいに思えるのでないと、その手段を支持してはならない。同時に、自衛隊のほうは、国民の支持を確実に認識できるような状態になっている。そこには強制する要素がない。戦争は一時の熱狂で起こるものですから、そういう両面を考えられる主権者になってもらいたい。これが自衛隊と国民のあるべき関係であり、そして実効ある国防だと思います。

中国が攻めてきたらどうするんだという問いがあります。戦うべきだという若い人がたくさんいます。攻めてきたら守るのは当たり前だというのは私の立場でもあるし、答えとしてはそれでいいんだと思います。けれども、誰が戦うのか。「自衛隊が戦うんでしょ」ではなくて、自衛隊だけで戦っていては、やがて二五万人が全滅したらそこで終わりです。自分たち自身が自衛隊をどこまで支えてやっていけるのか、自分たちが本当に責任持てるんですかということまで考えた上で言うなら、それでもいいのです。でも、そこまで考えれば、そうまでして戦争に訴えるよりは、そうなる前にもっと違う解決の仕方を考えるとか、いろんな別の発想の仕方があり得ると思うのです。若い人には、そういうことを考える人になってもらいたい。

国民を基盤にして自衛隊が存在する

前川 そうでしょうね。とくに最高指揮官である総理大臣にはその感覚が求められると思います。

柳澤 一番悩むべき立場の人ですよね。

前川 自分が派遣される隊員だったらとか、その親だったらとか、兄弟だったらとか、あるいは派遣される隊員の配偶者だったらとか、そういうふうに考えられる人でなければいけないと思います。すべて国民主権の原理のもとでおこなわれるものだから、国民の信託を受けておこなわれるわけです。安全保障の問題も、国民が自分たちの問題として預けていている。仮に日本が侵略されたというときには、それは自衛隊だけの問題であるはずがない。日本国民全体の問題ですよね。その意識が国民と自衛隊との一体性みたいな、国民を基盤にして自衛隊があるんだという意識ですね。それはおそらく自衛隊の隊員にとっては不可欠なものだろうと思います。

柳澤 一番大事なポイントなんです。たとえば現在、中東に海上自衛隊の護衛艦を派遣していますす。この問題について、アメリカからは有志連合に入れと言われているし、イランとは敵対したくない、だからちょうどいいバランスをとったと褒める人もいます。でも、あれだけ緊張の高まっているところで、何が起きるか分からない。そこまでの覚悟を持って出せるのか、その覚悟を国民に問えるのかということが一番大事なことなのです。国民の側もそういう目で見てほしい。

私は戦争が悪いことだと言うつもりもないし、安倍政権に賛成するのはおかしいと言うつもりもありません。しかし「戦争はだめだ」では済まないのです。それを若い人たちが考える中で、どういう結論をだしていくか。それが私の気に入らない方向の結論であっても、ある意味でそれは仕方がない。その結果として何が起きるかを体験してもらう必要もあります。日本という国は何度も痛い目に遭ってきて、その度に良くなってきているところはある。過去を忘れたら、もう一回痛い目に遭うかもしれないが、みんなが選択するなら仕方がないことかもしれない。

前川　ドイツと日本を比較してときどき考えることがあります。第二次世界大戦は、日独伊三国同盟で戦ったわけですが、ドイツは世界大戦で二回負けています。しかも、どちらもドイツが引き起こしているのです。一回負けたあと、一九一九年にワイマール憲法ができて、世界一民主的な国ができたはずだったのに、その中からヒトラーという独裁者を生んでしまった。そういう痛恨の極みみたいな歴史を持っている。ホロコーストもするし、西にも東にも侵略戦争を起こし、最終的に破滅的な結末を迎える。

こうしてドイツの場合、民主主義が独裁を生んで、あんな戦争を引き起こすことを経験しています。だから民主主義に対しても懐疑的だし、民主主義に対していろんな歯止めをかけなければ危ないぞという意識を持っている。

日本の場合、第一次世界大戦は火事場泥棒的に中国にあったドイツの権益などをぶんどって、そのあと国際連盟で五大国と言われて威張った。でも三三年になると、満州侵略をけしからんと言われて、それだったらと国際連盟を出てしまう。そうやって勝手な動きをして、第二次世界大戦に突入して負けるわけですが、一回しか負けてない。

つまり、ドイツ人は二回負けていて、二回もやると懲りるから、二度あることは三度もやってはいけないという気持ちがあるのではないかという気がするんです。ドイツは日本と違って、戦力不保持という憲法は持っていませんが、兵士は人道に反する命令に従ってはならないという法律があると聞きました。

柳澤 抗命権と言われます。

前川 そういうルールがあるのはものすごく大事です。兵隊といえども自分でちゃんと判断して、人道に反する命令だと思ったら従うなというわけですから。昔の日本の軍隊は、上官の命令は朕の命令だ、天皇陛下の命令だと言われ、何を言われても命令は聞くものだという前提がありました。だから、非戦闘員を殺せと言われれば殺してきた。敗戦後、新たに警察予備隊からはじまって自衛隊ができて、決して戦前の軍隊のようになってほしくないんですけれども、そうなってしまう危険性をつねにはらんでいるじゃないかと思っているのです。

二度と過去の戦争の誤りを犯さないために

柳澤 防衛大学校の教育は昔とは全然違います。人道に反する命令をしてはならないことも教育はされています。ただ、具体的な対応においては、政権に忖度している場合があることは感じます。

政権が自衛隊を、ある意味で政治的に使おうとすることがあります。政治的にという意味は、国内向けというよりは対外政策的なもので、自衛隊のプレゼンスを外交的な効果を目的として使う、一種の外交のツールとして使おうとすることです。イラクへの自衛隊派遣もそのようなものでしたが、こちらの努力もあり、当たり所が悪くなかったという要素もあって、一人も死なずにすんだ。

しかし、これから先は違ってくると思います。アメリカは本気で戦争する気はないにしても、同時に戦争を避ける気もないわけですから、米中がお互いに挑発し合っているうちに何かあれば、そこにいる自衛隊も巻き込まれざるをえないような状況になってくる。現在は、そういう状況がいつ生まれてもおかしくない。たぶんいまがギリギリの限界点で、このままこの路線でいったときに、どこかでそれを踏み越えるような状況になります。

そういうときにでも、国際法のルールを守れるのか。そこは自衛隊もよく分かっているはずです。戦後のこれだけの教育の転換とか、社会の影響はすごく大きいので、旧軍のようなものには成りようがないと思ってはいます。それだけに主権者たる国民の側が、憲法のもとで自衛隊のことは考えたくないからということで無関心であってはいけない。逆に護憲派こそ自衛隊に何をやらせるか考える必要があると思います。自衛隊を自分たちが主権者としてコントロールすべきものとして見ていかなければならない。

前川 そうです。過去の歴史を忘れてはいけないと思います。間違っても、昔の日本の軍隊みたいなものを復活させてはいけない。

柳澤 過去の戦争について、あの戦争は無謀な戦争だったと言われますが、では無謀でない範囲の戦争だったら良かったのかということも、別の問いとして存在します。あるいは、日本は追い詰められて戦争をせざるをえなかったんだと、そんな見方が一方ではある。ある程度外交的に追い詰められた側面はあるのかもしれないけれども、そうはいっても、他国を占領して、そこの住民をたくさん殺したり、虐待したりしたという事実は拭えません。そういう戦争をなぜ起こして、二度とやらないために何を考えたらいいのか、それを自分の問題として考えるのがこれからの課題だと思うのです。

韓国との関係を考えても、いつまで謝ればいいのかとか、開きなおりや逆ギレのような発想ではなくて、それは自分のために考えるべきことです。これから日本がどう生きていくかというときに、戦争を経験した世代がほとんど完全にいなくなるわけですから、それを本当に自分のこととして振り返ってみるという、それは私の力ではやりきれないけれども、そういう動きも必要なんだろうなと思うのです。

戦争の記憶をどう継承していくか

前川　私は、国民の記憶みたいなものは、やはり公教育でつないでいくべきだろうと思います。私の親の世代は戦争を体験しています。父は戦時中、まだ旧制中学の学生だったので応召はしていませんが、勤労動員で工場で働いているときに、爆撃を受けて旧友が何人も死んだという話を聞かせられたりしました。母も東京で空襲を受けたときの話などをしてくれたり、私はそういう生々しい記憶を持っている人から直接聞いています。

しかし私の息子の世代になると、そんなことがあったそうだよみたいな話になってくる。それを国民の記憶としてちゃんとつないでいくというのは、公の教育である学校教育の一つの大事な仕事だと思うんです。もともとは、一九四七年にできた教育基本法にも「平和的な国家及び社会の形成者」の育成という目的が書いてある。それがどうも、このところ不十分、いや、ずっと不十分だったと思います。

柳澤　私は、昨年リニューアルされた広島の平和資料館を、今年になって見てきました。子どもの使っていた遺品とか衣服があって、それを使っていたのはこの子なんですよという写真がある。両方がいっしょに展示されていることで、身近なものとして追体験したような感じがして、ぜひいまの子どもたちに見てほしいと思いました。

私が広島の呉に勤務していたときに、家族ごと赴任していたので、小学生だった息子に江田島の教育参考館と原爆資料館の両方を見せたのですが、そのときのことです。あそこは土地柄、平和教育がすごく盛んなのですね。自衛官が制服を着て乗っているのを見た息子が、「お父さん、あの人たちは戦争する悪い人たちだよね」と言ってきたのを聞いて、自分の職業上、ちょっと困ったなと思ったりした経験もあるんですが。

前川　広島の平和教育を受けていたんですね。

柳澤　土地がそういう雰囲気ですね。沖縄もそうだと思うんですが。ただ沖縄にしても、「日本って、昔アメリカと戦争したことがあるんですか」と驚く感覚の子がだいぶいるみたいです。そういう状態で戦争の歴史をどうつないでいくのか、相当意識的にやらないといけません。

前川　意識的にやる必要があると思います。逆に言うと、これまでの文部省、文部科学省は意識的に避けてきたところがあるのです。なぜかというと、とくに平和教育が組合活動と結びついていたからです。日教組が「教え子を再び戦争に送るな」というスローガンを掲げ、昭和三〇年代からずっと政府と対決していたのです。二〇年代の文部省と日教組は蜜月の状態だったのですが、岸信介内閣の頃から、平和教育については国の政策としてはやらないということになっていった。第一次安倍政権の時に教育基本法を大幅に変えて以降のことは、私は教育政策における第二の逆コースだと思っています。

独立した国家と自衛隊の問題

柳澤　単に時代を逆行するということでは、新しい国民的なコンセンサスの基盤にはならないと思うのです。そうでない違う理念のようなものをつくらなければいけない時期でしょうね。もう遅いのかもしれないけれども。

前川　いま時間があるから、いろんな本を読んでいるんですけれども、その中に南原繁という昔の東大総長の本があります。吉田茂に「曲学阿世の徒」と言われた人です。その直接の原因は、全面講和論を唱えたからです。サンフランシスコ平和条約に反対して、ソ連とも平和条約を結ぶべきだということを言ったわけです。

けれども、本を読んで分かったのは、彼がもともと再軍備論者だったことです。その後、九条を盾にとって日米安保に反対したんですが、独立した国家のためには軍隊があってしかるべきだという考え方だったのです。同時に、その軍隊は侵略のために使うのではなく、自衛のために使うというものでした。自分のことを最終的には、現実主義的理想主義者と言っていたそうです。地球は一つになって世界連邦になるべきであり、その中で世界連邦の警察的機能を果たすために武力が必要だという意識でいたということなのです。しかし、現実には日本がアメリカの戦略の中に組み込まれていくことになるので、それに対して逆に、そんな自衛隊だったらだめだと言っていた。

柳澤 昔は右も左も、対米従属に対する反発があり、日本の政治の一つのモメンタムとして、反米ナショナリズムのようなものが作用していました。それが現在は大きく変わっていますね。ナショナリズムが必ずしも反米でないし、自衛隊を重視することが対米自主よりも対米協力のためになると考えられている。日米同盟と日本の国の自立独立との関係が、非常にねじれた状態になっていると思います。

私は、日米同盟については、現実に存在しているものをやめる必要もないし、みんなが役に立つと思っているならそのままでいいけれども、そこに依存していく発想をやめる必要があると思います。そのためにこそ、最後のよりどころとしての自衛隊が必要だと思っているのです。いずれにせよ、そこがすごく混乱してきている感じがしますね。戦後ずっと混乱していたんでしょうけれど。

孫に出した手紙のこと

柳澤　そうそう、若者に何を望むかという話題に関連するので、個人的な話で恐縮なんですが、もう一つだけお話しさせてください。今年中学生になった孫の話です。

女の子なんですが、春休みに我が家に招いて入学祝いの食事をして、制服を着た写真を撮ろうと予定していたら、コロナの騒ぎで、しばらく会えない状況になったのです。でも私が我慢できなくなって、生まれてはじめてその子に手紙を書いたんです。真面目な手紙をね。中学生になっておめでとうということと、これから大きくなっていくあなたに対して、三つお願いがあると書きました。

一つは、感受性豊かな人になってくださいということです。二つめは、相手の気持ちが分かる広い心をもってくださいということ。三つめには、夢をあきらめない人になってくださいということでした。その子のタイプを考えながら書いたのですけれども。実は、そのキーワードは、自分がオリジナルで考えついていているわけではないのです。

私は古謝美佐子さんの沖縄歌謡「童神（わらびがみ、天の子守歌）」が好きなのですが、あの歌は三番あって、それぞれの終わりに、生まれてきた子どもをあやしながら願う言葉がでてくるのです。一番の終わりは、「まささあてぃたぼり」、優れたところを持ってくださいということです。二番は、「うふっちゅなてぃたぼり」、太い人になって、で終わります。三番は「たかっちゅなてぃたぼり」で高い人。これは、志を高く持ちなさいというのかもしれないけれども、私の孫は控えめな子だから、自分の夢を諦めたら自分でなくなっちゃうよ、自分しか自分の夢に責任を持てる人はいないからねという気持で書いたのです。

自分の孫に限らず、いまの子どもたちに何を望むかと言われると、同じようなものかもしれません。それを子どもがどう理解し、どう追求していくのかというのは、その子たちの成長と考えに合わせてやっていく、こちらはそれを見ていくということなのかな。

前川 いいですね。そういうおじいさんがいて幸せですね、そのお孫さんは。

柳澤 ただ現実にはたぶん何の役にもたたない、こちらの自己満足かも知れない。

前川 大きいと思いますよ。大好きなおじいさんからそういう三つのことを言われた。これが文字として残っているわけですし。

柳澤　どこかで記憶に残っていてもらえばいいんですが。

前川　これから折に触れ、取り出して読むことになるのではないですか。それが種になって、自分で広げていくことになるでしょうし、自分の愛する人からそういうことを教えてもらったというのは、ものすごく大きいと思います。

柳澤　小さい頃は怪獣ごっこで怪獣になって遊んであげたのに、最近は、じいじい、くさいよ、なんて言いだすようになって。

前川　私もいま孫が三人いるんですけど。子どもは二人とも男の子だったんですが、孫はみんな女の子で、一番上の孫でもまだ二歳。かわいいんだけれども、いまの話を聞いていると一〇年経つとくさいと言われるのかなあ。気持ちの準備をしておきます。いまの話は大変参考になるので、この子たちが中学にいく頃にどう接するか、よく考えておかなければ。

柳澤　去年か一昨年か、五年生のときに、映画館に一緒に映画を観に行ったのです。いつものように、迷子になるから並んで歩こうと行ったのですが、どうもイヤがって一メートル先を歩くのです。変わってきたんだなと感じて、それをこっちも受け入れ、一人の女性として接していかないといけないなと思って、しかしかわいい孫ですから、おじいちゃんは見ているんだよというメッセージは送りたかった。まあ、それを見た家内に言わせると、この三つが出来ていないのはあなたでしょと言われて、それはそうなんですけれどね。人間ずっと修行の過程みたいなものですから。

前川 一番近くにいる人間が一番よく分かりますから。

困難を乗り越える理性をどうつくっていくか

柳澤 そう考えると、人間はいつまで経っても、死ぬまで勉強だし、死ぬまで修行なのですね。自分が不完全なのに、若い子たちが不完全なのを叱る資格はないなと、つくづく思います。

前川 いまは新型コロナのせいもあって、世の中が少し不寛容になっています。差別や偏見が増幅されている感じがしますし、人間は追い詰められてイライラしてくると、何かに当たりたくなってくるというか、攻撃的な本能がでてくるというところがある。広い気持ちで寛容であるというのは、ものすごく大事なことだと思うんですが、不寛容がウイルスのように伝播していっている感じがします。

柳澤 新聞を丹念に読んでいると、その関連のコメンタリーが結構多いんですね。個の防衛を優先させて他に対して不寛容になるというのは、実は、種の防衛に対してはマイナスになるのです。そこのところは、究極の問いが突きつけられつつある。

前川 そう思いますね。

柳澤 見えないのが怖いのでしょうね。人を見たら敵と思っちゃうみたいな感じがある。

前川 国際関係にも言えることでしょうけれども、本当は長い目で見れば仲良くするほうがお互いにとってためになるのに、自分を守るために相手を攻撃するという傾向がある。昔から、情けは人のためならずという言葉があって、これは間違えられることの多いことわざでして、相手に情けをかけることは人のためでなく自分のためになるんだよということです。仲良くして敵対的な関係にならないという、そのこと自体がお互いにとってメリットがあることは、合理的に考えれば分かるはずなのです。しかし、危険を感じたときには他者を攻撃しようとする。そういう性質が人間の中にあるのでしょう。それをいかに理性で乗り越えていくかということが大事だろうと思います。

柳澤 歴史的に積み重ねられてきた経験値としての理性ですね。そういうものが、戦争を知っている世代がフェードアウトしていくことで薄れていく。さらに、がんばれば良くなる日本というのを現実に体験として持っている世代である我々が、次にいなくなるわけです。がんばってもがんばっても希望が持てないという経験をした人たちが日本の担い手になっていく時代です。そこにコロナ問題があって、そこをどう乗り切ったらいいのかということなんでしょうけれど、不可能なほどには難しくはない。だって、結局、自分たちの思いをちゃんと伝えていく以外にないですから。お説教ではなくてね。

あとがき
一人の個人や社会の「気づき」をもたらすために使ってほしい

柳澤 協二

前川さんのこと

一昨年から、各地で講演する折に、「今度、前川さんをお呼びするのですよ」という声を聞くようになり、全国を飛び回っておられるのだな、と感じていました。

もう一つ感じていたのは、前川さんは、私のように退職して時間が経ってからではなく、現職の時代に政権批判をしていることです。しかも、私がなれなかった、そして、なる自信もなかった事務次官という、官僚トップの立場で発信している。そこは、何が違うのだろうと漠然と考えていました。

勇気があるからでしょうか。少なくとも私には、そんな勇気はない。ただ、私にとって政権批判にもなるような発信をすることは、勇気の問題というより、自分なりに考えた結論だから「ほかに言いようがない」ということであり、プライドの問題として言えば、世の中が同じ方向を向いているとき、違う選択肢を提示しなければ「自分が後悔する」と思うからです。

その感覚がどこからくるかと言えば、官僚として、多くの知識、情報を持ち、政策に関わる経験を蓄積することができた者として、そういう経験をさせてくれた日本の社会、国民にお返しをしなければ自分の人生が完結しないという使命感の問題でもあります。そこは前川さんと共通していることを、今回の対談を通じて確認できたと思います。

それが正しいかどうか、あるいは、官僚ＯＢとしての立派な生き方かどうかではなく、「こういうやつが自分以外にもいたんだ」という「発見」でした。私たちはどちらも、自分のペースで発信を続けていくのだと思います。それだけ、思想の軸がはっきりしている。お話を聞いて、前川さんは、若いころからその軸を確立していて、それゆえに「面従腹背」ができたのだと思いますす。それは、個人としての強さです。

これからも、前川さんの講演などを通じて、教育行政について、そして教育の在り方について、多くの人々が「気づき」を持っていただけることを期待しています。教育そのものが、一人の個人や社会の「気づき」をもたらすためにあるのですから。

自分のこと

私のほうは、「面従腹背」という居心地の悪い環境で官僚勤務をしていたわけではなく、退職後一〇年にして、いろいろなことが起きる世界の中で、どう考えたらいいのか迷いながら、思想の軸を固めてきたように思います。

はじめは、鳩山政権の「抑止力」批判でした。そして、安倍政権の憲法解釈見直しに対しては、自分が官僚として関わってきた憲法解釈との乖離を問題にして批判しました。

いま、戦争を防ぐ最良の手段は何かという観点で、アメリカと一体化して軍事能力を高めるやり方とは違う答えを求めています。そこで考える基準は何かと言えば、戦争によって国民が受ける苦難（国民である自衛隊員が受ける苦難は、その中核だと思います）とどう向き合うか、それに自分が耐えられるのか、耐えられなければ、そういう戦争には、あるいは、その葛藤を抜きにした政策には賛成できない、ということです。

これは、実は昔からあった戦争に関する基本哲学の問題です。文明化され、豊かになった社会では、戦争によって失うものが大きい。戦争しなくたって不自由なく暮らしていけるのに、なぜあえて命を捨てなければならないのか、と考えるのは自然なことです。国の経済を考えても、国際的分業や貿易を通じて豊かになるのだから、戦争で得るものはない。

しかし、それを突き詰めれば、自分さえよければ、戦火に追われて難民となった人たちを助けなくてもいいのか、という悩みが生まれます。そこで、自衛隊を出して助ければいいということになる。すると今度は、その自衛隊が危ない目に遭ってもいいのか、という疑問がわいてきます。そのバランスの中で自分の答えを出さなければ、難民への同情も世界平和も絵空事に過ぎません。答えは、誰かが出すのではなく自分で出さなければ、世界と自分のつながりは見えない。だから、悩ましいのです。

日本を取り巻く戦争について言えば、ミサイル防衛ができなければ敵基地を攻撃しろ、という議論があります。問題は、すべての敵のミサイルを破壊できなければ、やはりミサイルは飛んでくるのですから、どこまで行っても安心はできないことにあります。ミサイルが飛んでこないようにするためには、戦争にならない状況をつくらなければなりません。相手が何をしたいのかを理解し、妥協点を見出す必要があります。

「それは理想論にすぎない」と言われます。安全保障の主流は、軍事力によって戦争を抑止する「現実主義」の思想です。しかし、すべての敵ミサイルを破壊することが現実的に可能でしょうか。数発のミサイルが飛んできたとき、国民の命を守り切れないことも現実です。抑止政策を貫くのであれば、国民に覚悟を求めることこそ現実的だと思いますが、日本の「現実主義」には、それがない。

「中国や北朝鮮と対話できないこと」が現実のすべてではありません。相手との意思のやり取りの中で生まれる変化も、また、現実です。そして、国民が何を求めているかを認識するところから始めなければ、いかなる政策も現実的ではありえません。どこまでの「いま」を現実と考えるか、どういう「明日」を描く理想を持つのか、それもまた、政府ではなく、国民一人ひとりが考えなければならないことだと思います。

「私と同じように悩んでくれ」と言うつもりはありません。誰でも、日々の生活が大変ですから。私も現役の官僚のころは、仕事に追われて、こんなことを悩んでいる暇はありませんでした。ただ、戦争が話題になったときに、考える一つの「気づき」として使っていただければいいと思っています。

新型コロナ問題で考えたこと

緊急事態宣言は解除されましたが、いまだに感染者は増え続け、コロナ以前の日常は戻りません。年金暮らしの私の場合、家にこもることもできますが、生活のため、あるいは地域の暮らしを支えるために店を開け、人と会い、電車に乗らなければならない人たちは、感染防止と生活という二律背反に遭遇して、本当に大変だろうと思います。自分の日常が、スーパーの店員さんや宅配便のドライバー、ごみ収集の作業員さんなど、多くの人たちに支えられていることに、改めて気づかされます。

ちなみにこの対談も、窓を開け、写真撮影の時以外はマスクをつけたままで実施され、恒例の打ち上げ会食もできませんでした。そういう場所でこそ、字にして追加したい話題が出るのですが……。

ともあれ、コロナに伴う自粛生活の中で、いろいろな「気づき」がありました。その一つは、「不要不急」とは何だろう、ということです。計画していた旅行や家族の会合も取りやめました。それは、生きるために不可欠ではないのですが、間違いなく生活の一部でした。

人によっては、「接待を伴う飲食」でも同じかもしれません。二か月自粛できたのなら、それは「不要不急」だったのか。必要なことを我慢していただけです。我慢は、限界を超えれば破たんします。

生物学的に生きることを基準にすれば、食って寝て子孫を増やす、そのために働く、それ以外のことは不要不急になってしまいます。「自粛」によって生活や人生の基盤が失われる人々がいる中で、感染者の数字をあげながら一律に「ステイ・ホーム」などと言われると、「生きているだけで満足せよ」と聞こえてしまいます。人の人生は統計上の数字では表せません。まずは、これまでの行政の無能を謝罪するところから始めるべきだと思います。

幸福とは何か、それを実現する社会とは何か

そこで、幸福とは何か、という問いにぶつかります。人生は、もともと制約に満ちており、すべての欲求が満たされることはありません。制約の中で、自分が自分であることを確認する、つまり、自己実現ができることが「幸福」だと思います。

自己実現にとって最大の制約は社会であり、最大の機会もまた社会です。制約とは、他人を傷

つけてはいけないというルールであり、機会とは、他人とつながる絆です。ネットによる誹謗中傷が話題になりますが、他人を攻撃して欲求不満を解消しても、自己実現にはなりません。それは、他人を傷つけないというルールに反し、他人との絆という機会を逃しているからです。感染防止のための自粛も、他人を傷つけない観点から見て正しいのであって、他人との絆を欠いたままでは、理不尽な強要に過ぎません。

自分でも他人でも、命は大切です。しかし、経済が動き、人が生活している限り、感染をゼロにはできず、感染すれば数パーセントの割合で死ぬのは、疫学的な現実です。われわれが望むものは、救えるはずの命を失わないようにすることだと思います。

ところが、日本の医療や雇用は、そのように設計されていなかった。マスクも自力でできなかった、病院に患者を受け入れる余裕がなかった、数週間の自粛で多くの職が失われた。こんなにもろい社会は、どこか根本的におかしい。共通するのは、利益を最大化するために利益を生まない要素をとことん切り捨てた社会のもろさです。

人々がそれに気づいたとき、社会は変わる。人がいままでのようには生きられなくなる。経済もいままでのやり方では回らなくなる。その中で政治も、いままでのやり方が通用しなくなるのは当然です。検察官の定年を内閣の裁量で延長できるようにする検察庁法改正案が廃案になりました。従来のやり方であれば、世論の反対を無視して強行していたはずですが、それができなくなっている。これは、人々の気づきの力だと思います。いままでのやり方が通用しなくなるのは、社会が変化する兆しです。

歴史というものは、こうして形づくられていくのだと感じています。そういう時代に生きていることに、改めて感謝したいと思います。

著者プロフィール

柳澤協二（やなぎさわ・きょうじ）
1946年東京都生まれ。70年東京大学法学部卒、防衛庁（当時）入庁。同運用局長、防衛研究所所長などを歴任。2004年から09年まで内閣官房副長官補（事務次官扱）として自衛隊イラク派遣を統括。現在、自衛隊を活かす会代表。著書に『抑止力神話の先へ』（かもがわ出版、共著）、『改憲の論点』（集英社新書、共著）、『検証官邸のイラク戦争』（岩波書店）など。

前川喜平（まえかわ・きへい）
1955年奈良県生まれ。79年東京大学法学部卒、文部省（当時）入省。文部科学省大臣官房長、初等中等教育局長、文部科学審議官などを歴任。2016年6月から17年1月まで文部科学事務次官。2018年から日本大学文理学部非常勤講師。著書に『面従腹背』（毎日新聞出版）、『同調圧力』（角川新書、共著）、『イマドキ家族のリアルと未来』（かもがわ出版、共著）など。

官僚の本分
「事務次官の乱」の行方

2020年8月28日　第1刷発行

発行者　竹村正治
発行所　株式会社　かもがわ出版
〒602-8119　京都市上京区堀川通出水西入
TEL 075-432-2868 FAX 075-432-2869
振替　01010-5-12436
ホームページ　http://www.kamogawa.co.jp
印刷所　シナノ書籍印刷株式会社

ISBN978-4-7803-1110-5　C0036